BACS PROS **INDUSTRIELS**

BAC PRO **ASSP**

Économie Gestion

PROGRAMME **2019**

Sylvie Robbe

Modules **1** et **2**

Ouvrage coordonné par Lucas Sanz Ramos
Inspecteur de l'Éducation Nationale, économie-gestion, académie de Bordeaux

Nadia Abdellaoui
Professeure d'économie-gestion, académie de Bordeaux

Julien Agoutborde
Professeur d'économie-gestion, académie de Bordeaux

Dominique Audrain
Professeur d'économie-gestion, académie d'Orléans-Tours

Anne Boulay
Professeure d'économie-gestion, académie de Reims

Olivier Januel
Professeur d'économie-gestion, académie de Lyon

Cédric Vazia
Professeur d'économie-gestion, académie de Montpellier

DELAGRAVE

MODE D'EMPLOI

1 question, 1 chapitre pour comprendre les enjeux

Les modules, capacités et notions pour se repérer dans le programme.

Des **situations professionnelles** filées sur le chapitre pour être au plus proche du quotidien des élèves.

VIDÉO pour introduire le chapitre accompagnée de questions pour lancer la discussion en classe.

Je découvre la question

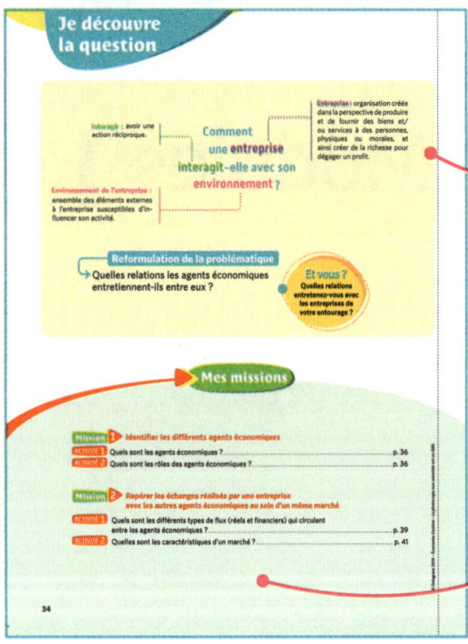

L'explication et la reformulation de la problématique du chapitre pour en comprendre les enjeux.

Un découpage en **missions** qui reprennent les capacités du programme.

Une page pour **réarticuler les notions** en répondant à d'autres problématiques.

Bilan

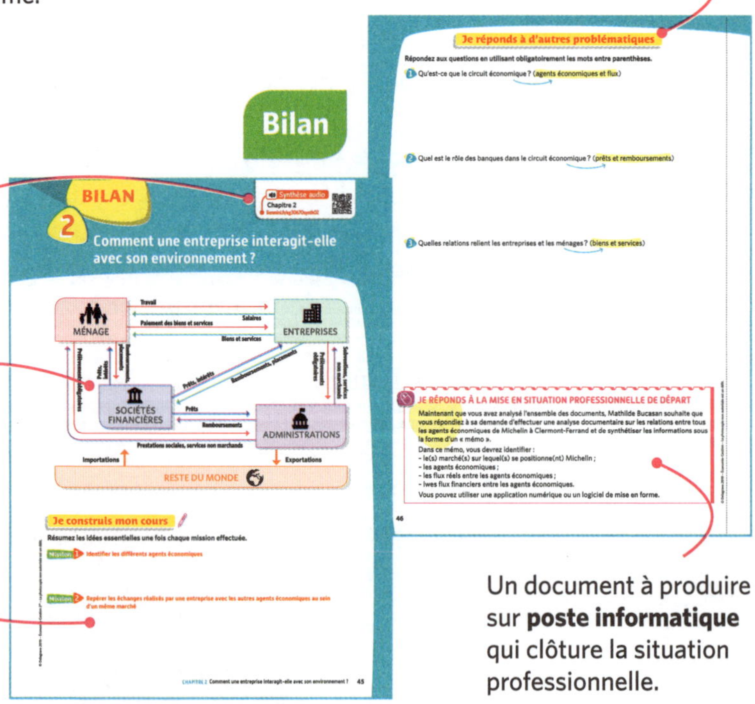

Une Synthèse audio pour apprendre en écoutant.

À la fin de chaque mission, un **schéma bilan** pour articuler les notions du chapitre.

Une **synthèse à rédiger** pour apprendre en écrivant.

Un document à produire sur **poste informatique** qui clôture la situation professionnelle.

Un découpage des chapitre en missions pour un apprentissage étape par étape

Mes missions

Des **missions courtes**, et organisées en **activités**.

Des **rubriques « Comprendre »** pour saisir les enjeux.

Des **vidéos** pour animer le cours. VIDÉO

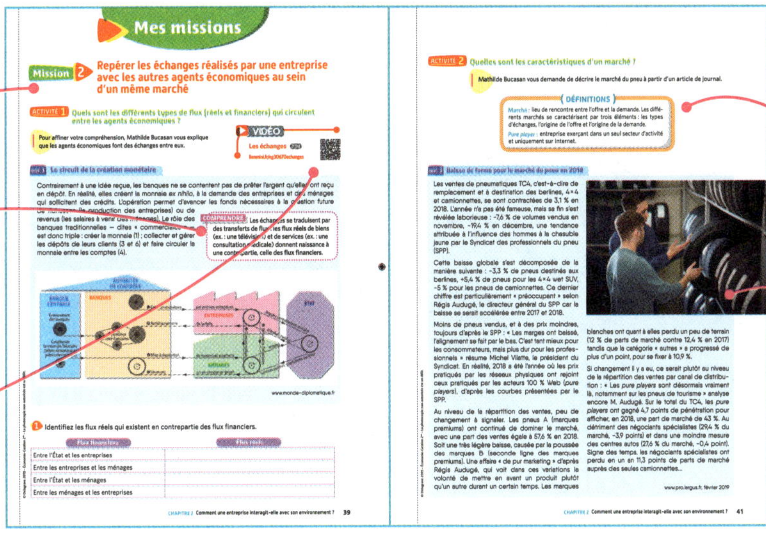

Des **encadrés « Définition »** pour retenir les notions clés.

Des **documents** et **questionnements variés**.

Je fais le point

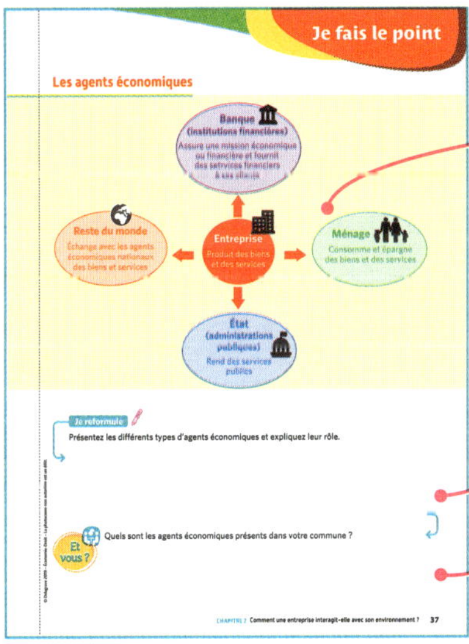

À la fin de chaque mission, une **synthèse schématique** pour récapituler les notions.

L'essentiel à reformuler par l'élève pour retenir les fondamentaux et **s'entraîner à la rédaction**.

Une rubrique « Et vous ? » pour faire le lien avec le **quotidien personnel ou professionnel** des élèves.

À moi de jouer !

Un **exercice** Je vérifie mes connaissances **entièrement interactif** pour tester ses connaissances autrement.

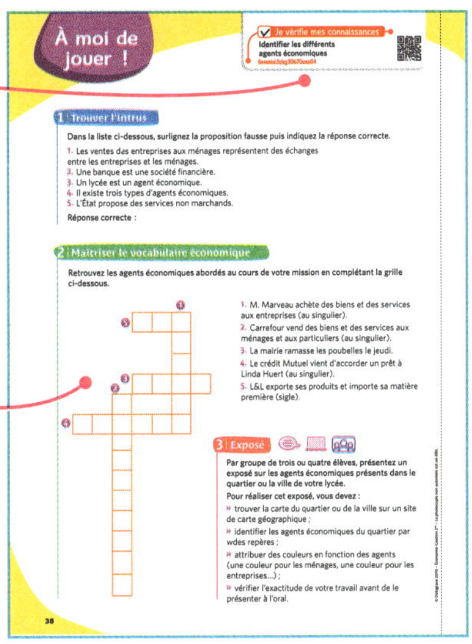

Des **activités variées et ludiques** pour travailler la **rédaction**, la **maîtrise du vocabulaire** spécifique et l'**expression orale**.

Fiches méthode

Après chaque chapitre, des **fiches méthode** en deux temps pour adopter les réflexes propres à cet enseignement.

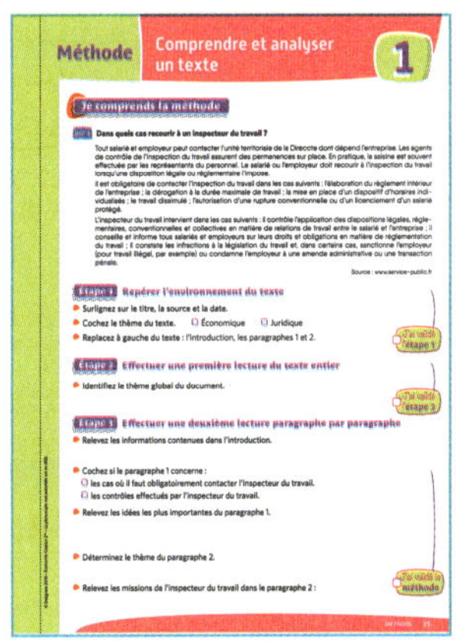

SOMMAIRE

MODULE 1
Découvrir l'environnement d'une entreprise

MODULE 2
Les choix d'une entreprise en matière de production

Nous traitons ici les deux premières questions du module 2.

Ressources numériques

1 Comment se caractérise un secteur d'activité ?

Capacités

- Présenter un secteur d'activité
- Évaluer l'importance du secteur d'activité dans l'économie
- Identifier les différentes formes d'organisation et leurs finalités

Notions abordées

- Secteur d'activité
- Entreprise
- Typologie des entreprises
- Biens, services
- Production marchande/non marchande
- Économie sociale et solidaire (ESS)
- Organisations professionnelles

SITUATION PROFESSIONNELLE

Vous êtes stagiaire, sous la responsabilité de M. Georges Peres, dans l'entreprise spécialisée Legrand, leader mondial des produits et systèmes pour installations électriques et réseaux d'information.

L'entreprise compte 37 350 salariés et a réalisé un chiffre d'affaires (CA) de 5,9 milliards d'euros en 2018.

M. Peres souhaite vous faire réfléchir sur les notions de secteur d'activité et d'organisation. Il voudrait que vous soyez capable d'expliquer les particularités de l'entreprise lors de la journée portes ouvertes qui se tiendra au cours de votre PFMP et à laquelle vous participerez activement.

Il vous demande donc d'effectuer une analyse documentaire et de réaliser une fiche synthétique sur l'entreprise et son secteur d'activité.

VIDÉO

Présentation du bac pro Systèmes numériques 3'21

lienmini.fr/eg30670bacpro

Listez les domaines d'activités concernés par ce bac pro.

Je découvre la question

Caractériser : mettre en évidence le caractère distinctif de quelque chose ou de quelqu'un, décrire ses particularités et ses traits dominants ; définir.

Comment se caractérise un secteur d'activité ?

Secteur d'activité : regroupe des entreprises de fabrication, de commerce ou de service qui ont la même activité principale.

Reformulation de la problématique

Quels sont les éléments qui permettent de mettre en relief les traits dominants d'un secteur d'activité ?

Et vous ?
Quels sont les secteurs d'activité que vous connaissez ?

Mes missions

Mission 1 Présenter un secteur d'activité

Mission 2 Évaluer l'importance d'un secteur d'activité dans l'économie

Mission 3 Identifier les différentes formes d'organisation et leurs finalités

Mes missions

Mission 1 Présenter un secteur d'activité

M. Peres vous demande de faire le point sur l'entreprise et son secteur d'activité.

(DÉFINITION)

Nomenclature : liste, catalogue détaillé et ordonné des éléments d'un ensemble, permettant de classer celui-ci.

DOC 1 La Nomenclature d'activités française (NAF) selon l'Insee

Code	Libellé
A	Agriculture, sylviculture et pêche
B	Industries extractives
C	Industries manufacturières
D	Production et distribution d'électricité, de gaz, de vapeur et d'air conditionné
E	Production et distribution d'eau ; assainissement, gestion des déchets et dépollution
F	Construction
G	Commerce ; réparation d'automobiles et de motocycles
H	Transports et entreposage
I	Hébergement et restauration
J	Information et communication
K	Activités financières et d'assurance
L	Activités immobilières
M	Activités spécialisées, scientifiques et techniques
N	Activités de services administratifs et de soutien
O	Administration publique
P	Enseignement
Q	Santé humaine et action sociale
R	Arts, spectacles et activités récréatives
S	Autres activités de services
T	Activités des ménages en tant qu'employeurs ; activités indifférenciées des ménages en tant que producteurs de biens et services pour usage propre
U	Activités extra-territoriales

Vert : Activité principale : **fabrication** (A à F)
Rose : Activité principale : **commerce** (G)
Orange : Activité principale : **services** (H à U)

DOC 2 Typologie des entreprises

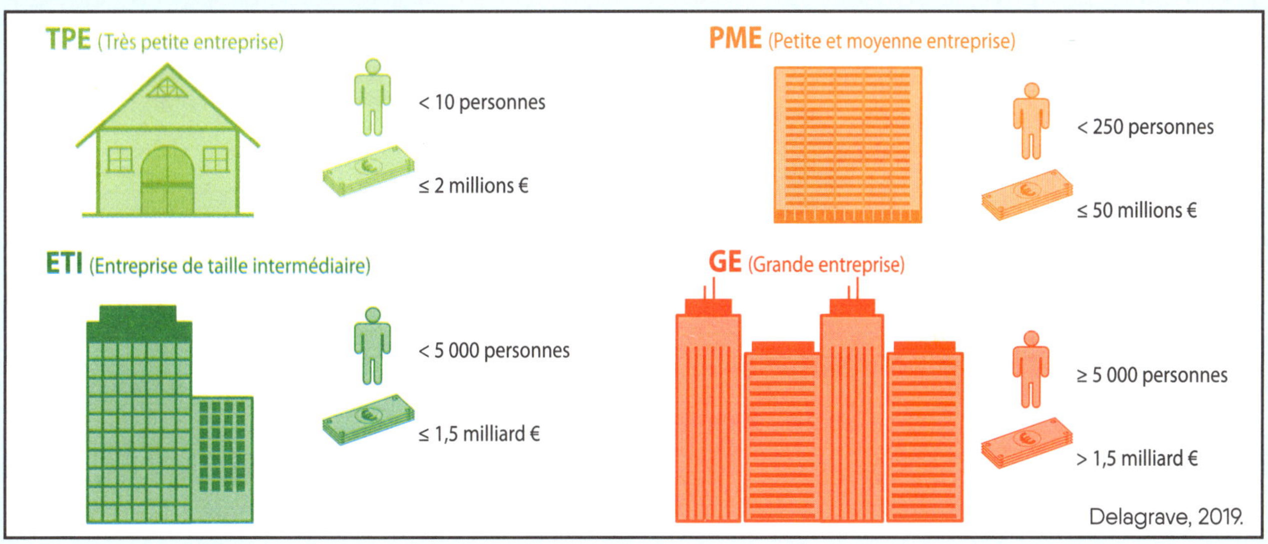

Delagrave, 2019.

ACTIVITÉ 1 Quels sont les critères de classification des entreprises ?

1 En vous aidant des DOC. **1** et **2**, repérez et indiquez les critères qui permettent de classer les entreprises.

Le secteur d'activité, l'activité selon la NAF, la taille (effectif et chiffre d'affaires).

2 Qualifiez l'entreprise Legrand au regard de ces critères.

Legrand est une grande entreprise de fabrication car elle compte plus de 5 000 salariés et réalise un chiffre d'affaires supérieur à 1,5 milliard d'euros.

Legrand appartient au secteur de la fabrication et son activité selon la NAF est l'industrie manufacturière.

Afin de bien comprendre la notion de secteur d'activité, M. Peres vous demande de repérer les caractéristiques de certains partenaires économiques de l'entreprise.

DOC 3 Quelques partenaires économiques de Legrand

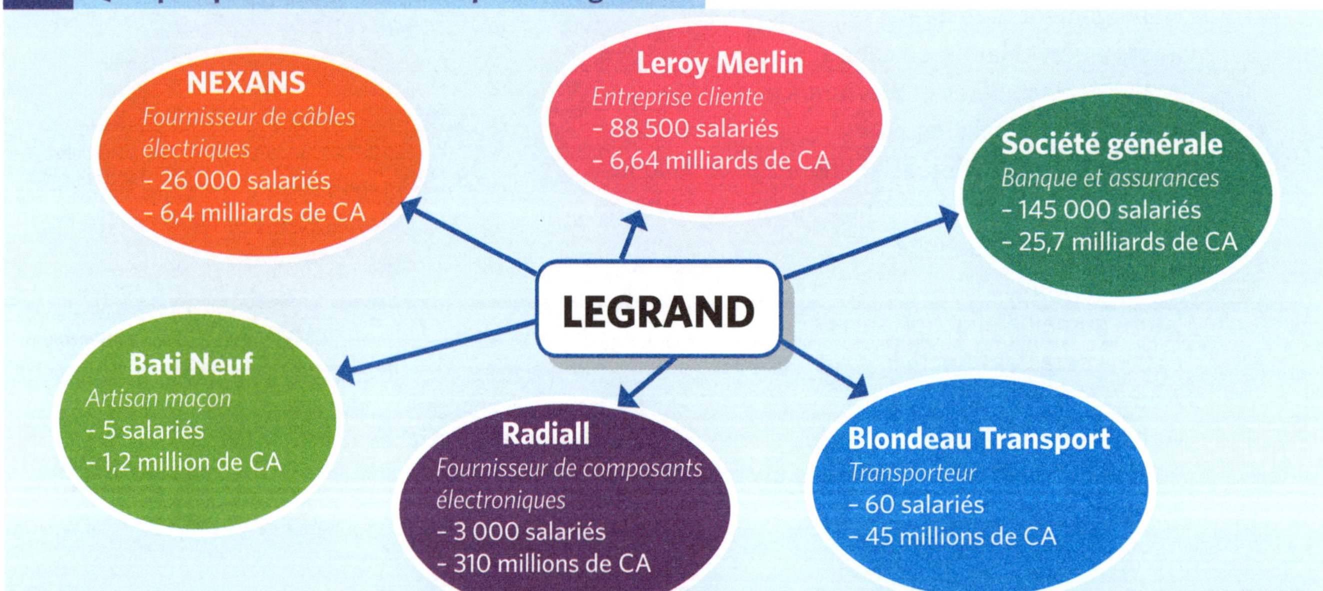

Delagrave, 2019

3 En vous aidant des DOC. **1**, **2** et **3**, complétez le tableau ci-dessous.

Partenaire	Secteur d'activité	Activité selon la NAF	Classification selon la taille
Leroy Merlin	COMMERCE (vente d'articles de bricolage)	Commerce	GE
Société générale	SERVICES (banque et assurances)	Activités financières et d'assurance	GE
Blondeau Transport	SERVICES (transport de marchandises)	Transport et entreposage	PME
Nexans	FABRICATION (production de câbles)	Industrie manufacturière	GE
Bati Neuf	FABRICATION (maçonnerie)	Construction	TPE
Radiall	FABRICATION (fournisseur de composants)	Industrie manufacturière	ETI

M. Peres vous explique que, pour assurer son fonctionnement, l'entreprise échange des biens et des services avec des partenaires.

COMPRENDRE L'**activité économique** permet de satisfaire les besoins des personnes grâce à la production de biens et de services, qui sont échangés contre de l'argent.

ACTIVITÉ 2 Que sont les biens et les services ?

DOC 4 Les biens et les services

Lorsqu'un bien est un objet que l'on peut toucher, qui existe de manière physique, c'est un **bien matériel**. Cet objet peut être brut, extrait directement de la nature, mais il peut aussi être transformé ou fait à partir de différents biens (ex. : du bois de pin).
Un bien peut également ne pas être palpable, c'est un **bien immatériel** (ex. : les logiciels informatiques ou les jeux vidéo en ligne payants).
Parmi tous les biens, qu'ils soient matériels ou immatériels, on peut également distinguer :
- les **biens de consommation**. Également appelés biens finaux, ils ont pour objectif de satisfaire un besoin direct du consommateur et seront utilisés tels quels. Ce sont des produits finis ;
- les **biens de production**. Destinés à la transformation ou à être utilisés pour la réalisation d'autres biens, ce sont des biens intermédiaires qui ne seront pas utilisés en l'état ;
- les **biens d'équipement** utilisés en vue de la production.

De nature immatérielle, un **service** est une action, une prestation, une capacité technique ou intellectuelle (ex. : un voyage en bus, une consultation médicale). Les **services marchands** sont des services destinés à la vente et sont payants. Ils sont dans la grande majorité des cas fournis par les entreprises (ex. : je paie mon billet de bus).
Les **services non marchands** sont, eux, gratuits ou quasi gratuits. On appelle des services quasi gratuits les services dont le prix est non significatif, c'est-à-dire inférieur au prix de production et dont le but est l'amélioration de la structure (ex. : les transports en commun gratuits dans certaines communes).

D'après https://education.toutcomment.com

4 Classez les biens et les services consommés par l'entreprise en fonction de leurs destinations.

	Biens					Services	
	matériels	immatériels	de consommation	de production	d'équipement	marchands	non marchands
Achat de composants électroniques à Radiall pour fabriquer des tableaux électriques.	X			X			
Vente d'interrupteurs connectés à un grossiste.	X		X				
Recours à une agence d'intérim pour embaucher un salarié.						X	
Achat d'un logiciel de programmation numérique.		X		X			
Achat d'une nouvelle machine pour améliorer la productivité de la chaîne de production.	X				X		
Mise à disposition d'une crèche d'entreprise financée à 60 % par l'entreprise et à 20 % par la caisse d'allocations familiales. Seuls 20 % restent à charge du salarié.							X
10 managers de l'entreprise vont suivre une formation dans un organisme privé.						X	

ACTIVITÉ 3 Quelle est la différence entre une production marchande et une production non marchande ?

DOC 5 L'activité économique non marchande

La **production non marchande** joue un rôle important dans le fonctionnement des sociétés dites de marché. Elle prend deux formes : l'économie domestique et la production non marchande des administrations privées et publiques.

La **production domestique** comprend tous les biens et les services produits pour être consommés au sein du ménage : travaux ménagers, jardinage, bricolage, etc. Elle permet l'autoconsommation. [...]
Les administrations fournissent des biens et des services non marchands, dont certains sont collectifs, et répondent ainsi à de multiples critères.

DÉFINITION

Production : activité exercée qui combine des ressources en main-d'œuvre, capital, biens et services pour fabriquer des biens ou fournir des services. Les processus purement naturels sans intervention ou contrôle humain ne font pas partie de la production.

Distinction entre biens et services non marchands et biens et services collectifs

- **Biens et services non marchands** : biens et services produits par les administrations et disponibles gratuitement ou quasi gratuitement, c'est-à-dire à un prix inférieur à leur coût de revient.
- **Biens et services collectifs** : biens et services utilisables par plusieurs personnes simultanément : route, pont, émission de TV par exemple. Les services collectifs peuvent bien sûr aussi être marchands.

www.ecossimo.com

COMPRENDRE La **production** peut être **marchande** ou **non marchande** : soit elle est destinée à être vendue sur un marché, à un prix résultant de la rencontre entre l'offre et la demande, soit elle est fournie gratuitement ou à un prix inférieur à la moitié du coût de production.

DOC 6 La production marchande

La **production marchande** écoulée ou destinée à être écoulée sur le marché comprend :
- les produits vendus à un prix économiquement significatif (c'est-à-dire un prix couvrant plus de 50 % des coûts de production) ;
- les produits troqués ;
- les produits utilisés pour effectuer des paiements en nature, y compris les rémunérations des salariés en nature.

www.insee.fr

5 Remplissez le schéma suivant à l'aide des DOC. 5 et 6.

ENTREPRISES

Production marchande

Biens et services vendus sur le marché (économie domestique)

Le prix	couvre	X	le coût de production
	ne couvre pas		

ADMINISTRATIONS ASSOCIATIONS

Production non marchande

Biens et services produits gratuitement ou quasi gratuitement (inférieur au coût de revient)

Le prix	couvre		le coût de production
	ne couvre pas	X	

Les critères de classification des entreprises

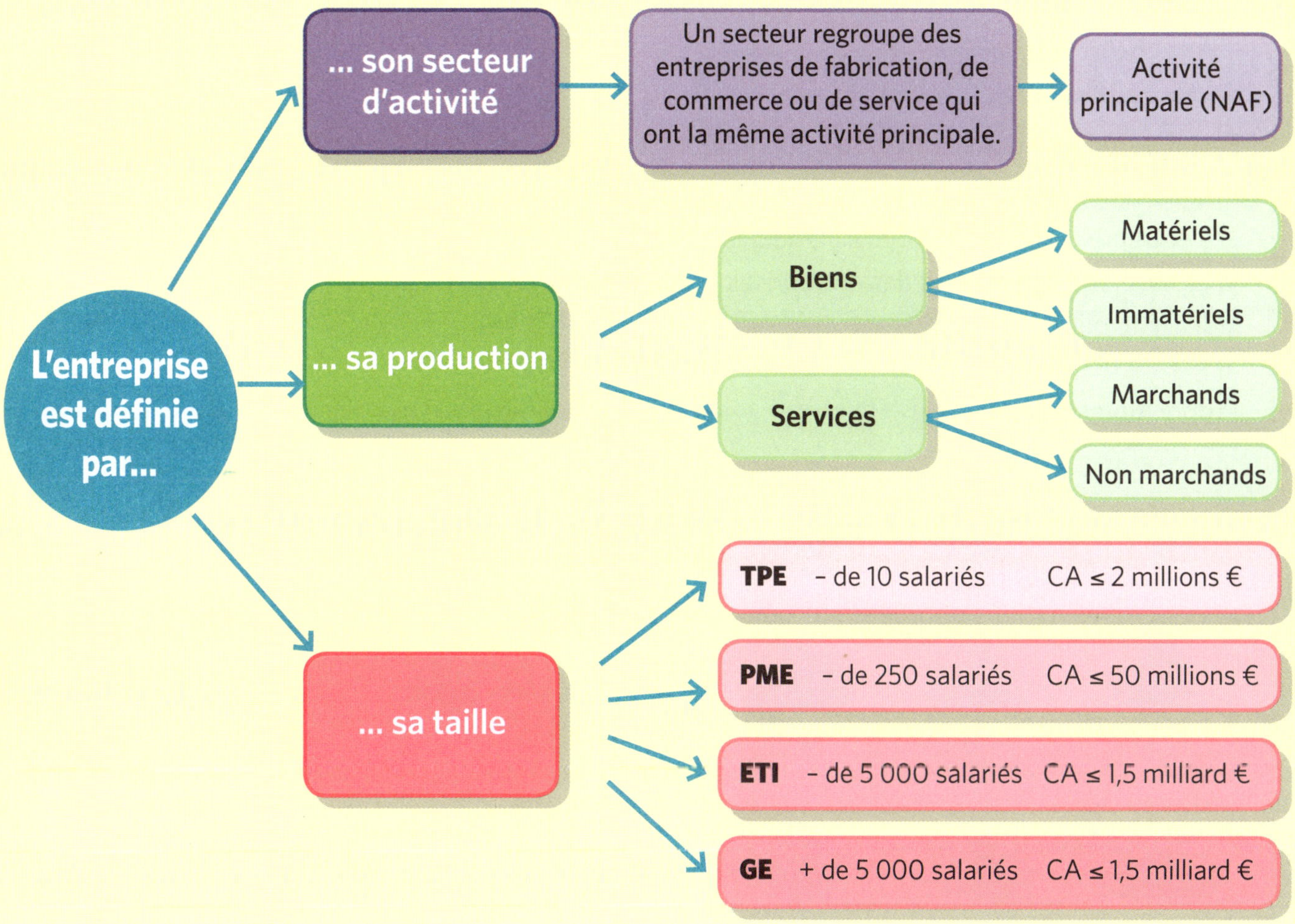

Je reformule

Expliquez ce que sont un secteur d'activité et une entreprise.

Un secteur d'activité est un regroupement d'entreprises de fabrication, de commerce ou de service selon leur activité principale définie par la Nomenclature d'activités française (NAF).

Une entreprise produit des biens et/ou des services. Les biens sont matériels (palpables) ou immatériels (impalpables). Les services peuvent être marchands, c'est-à-dire vendus au prix du marché, ou non marchands, c'est-à-dire vendus à un prix inférieur au marché, voire rendus gratuits.

Une entreprise peut également être définie par sa taille. Ainsi il existe :

- les très petites entreprises (TPE) ;
- les petites et moyennes entreprises (PME) ;
- les établissements de taille intermédiaire (ETI) ;
- les grandes entreprises (GE).

Et vous ?

Quels sont les biens et les services marchands et non marchands que vous consommez tous les jours ?

À moi de jouer !

Je vérifie mes connaissances
Présenter un secteur d'activité
lienmini.fr/eg30670exo01

1 | Trouver la proposition fausse

Parmi les propositions ci-dessous, surlignez celle qui est fausse puis corrigez-la.

1. L'INSEE détermine le secteur d'activité de l'entreprise en fonction de son activité principale.
2. L'entreprise produit des biens et/ou des services.
3. Le classement par taille des entreprises prévoit quatre catégories.
4. Il existe quatre secteurs d'activité principale.
5. Les services non marchands sont principalement rendus par l'État.

Proposition corrigée : Il existe trois secteurs d'activité principale (fabrication, commerce et services).

2 | Maîtriser le vocabulaire économique

Retrouvez les notions abordées au cours de votre mission en complétant la grille ci-dessous.

1. Caractérise l'entreprise.
2. Se dit de quelque chose d'impalpable.
3. Caractérise l'entreprise.
4. Se dit de quelque chose au prix du marché.
5. Caractérise l'entreprise.
6. Classification de l'Insee.

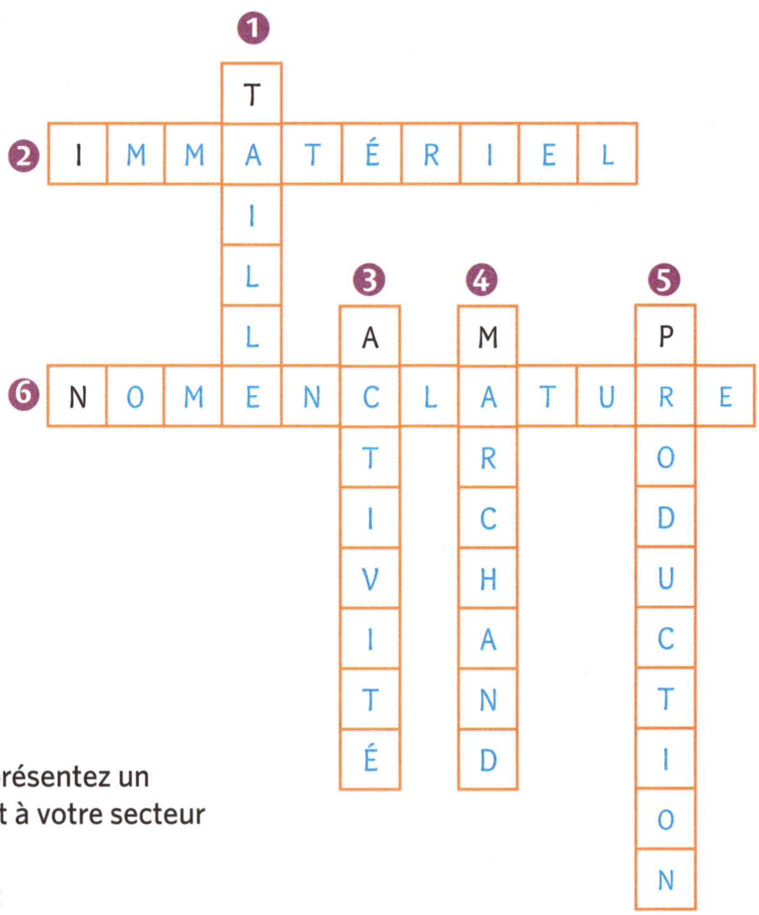

3 | Exposé

Par groupe de trois ou quatre élèves, présentez un exposé sur une entreprise appartenant à votre secteur d'activité.

Pour préparer cet exposé, vous devez :

» donner les caractéristiques de l'entreprise (nom, implantation, effectif…) ;
» présenter et qualifier la production de l'entreprise ;
» préciser son secteur d'activité ;
» présenter les partenaires de l'entreprise.

Mes missions

Mission 2 Évaluer l'importance d'un secteur d'activité dans l'économie

M. Peres a sélectionné quelques documents pour vous montrer la place du secteur de l'entreprise Legrand dans l'économie.

ACTIVITÉ 1 Quels sont les secteurs les plus porteurs de l'économie française ?

DÉFINITION

Valeur ajoutée : valeur ou richesse créée par une entreprise, un secteur d'activité ou un agent économique au cours d'une période donnée.

La valeur ajoutée est mesurée par la différence entre la valeur finale de la production (chiffre d'affaires) et la valeur des biens qui ont été consommés par le processus de production (consommations intermédiaires, par exemple les matières premières).

Valeur ajoutée = chiffre d'affaires - consommations intermédiaires

DOC 1 Chiffres-clés des secteurs

Évolution de l'emploi salarié

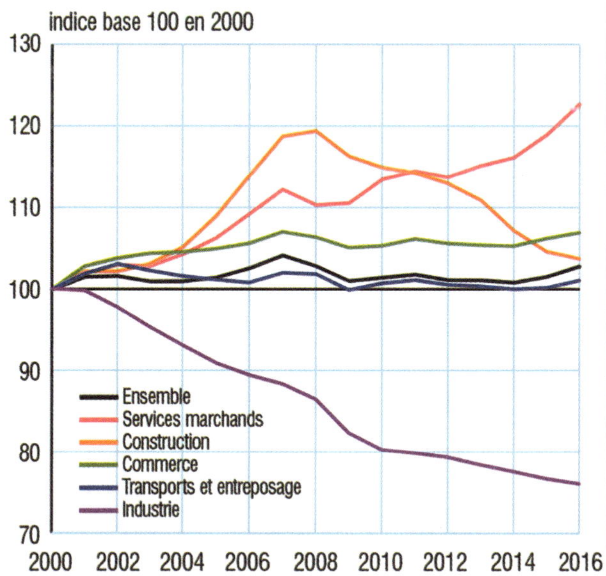

Champ : France métropolitaine, secteurs principalement marchands non agricoles et non financiers, en secteur d'établissements.
Note : les titulaires de contrats d'intérim sont classés systématiquement dans l'activité de travail temporaire.
Source : Insee, estimations d'emploi (CVS au 4e trimestre).

Production en volume

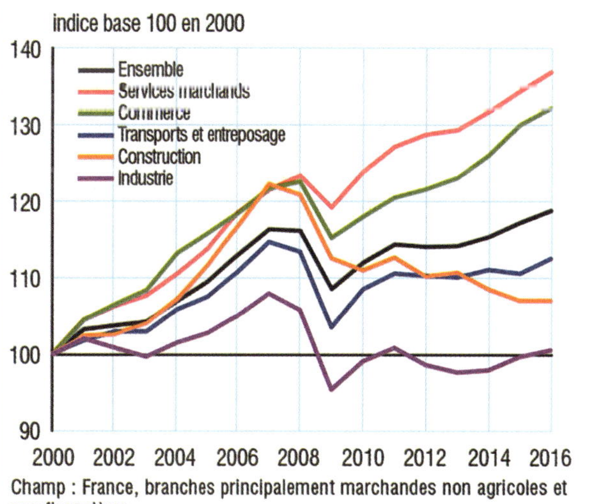

Champ : France, branches principalement marchandes non agricoles et non financières.
Source : Insee, comptabilité nationale.

Principales activités selon la valeur ajoutée en 2015

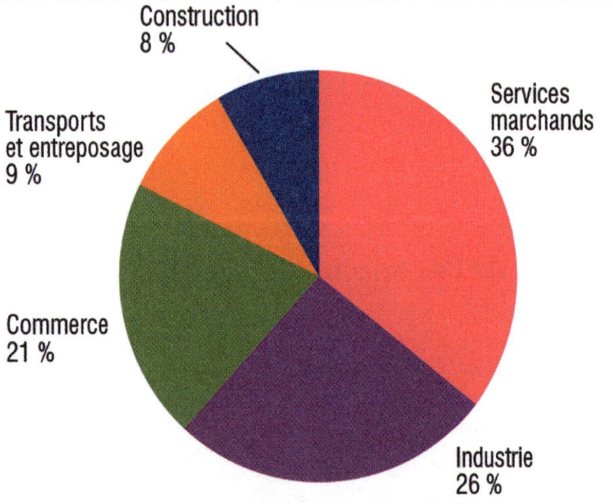

Champ : France, unités légales et entreprises profilées des secteurs principalement marchands non agricoles et non financiers.
Source : Insee, Ésane.

1 Comparez le secteur des services marchands avec le secteur d'activité de l'entreprise Legrand.

Le secteur qui connaît la plus grande évolution positive est celui des services marchands (+ 20 % d'emploi entre 2000 et 2016, production en hausse de + 35 % sur la même période). Ce secteur est celui qui contribue le plus à la création de richesses (36 %).

Le secteur de l'industrie reste le deuxième contributeur à la création de richesses (26 %) mais connaît une évolution négative en matière d'emploi (– 25 % en 16 ans) et voit sa production quasiment stagner depuis 2010.

ACTIVITÉ 2 Quelle est la place de votre secteur dans l'économie ?

DÉFINITIONS

ETP : Équivalent temps plein.

Chiffre d'affaires : montant des ventes réalisées par une entreprise.

Export : vente par une entreprise française à des clients étrangers.

Investir : acquérir de nouveaux moyens de production, placer des capitaux dans une activité économique, dans une entreprise, etc. avec la perspective d'en retirer un profit.

DOC 2 Chiffres-clés du secteur industriel

Principales répartitions par secteur d'activité en 2015

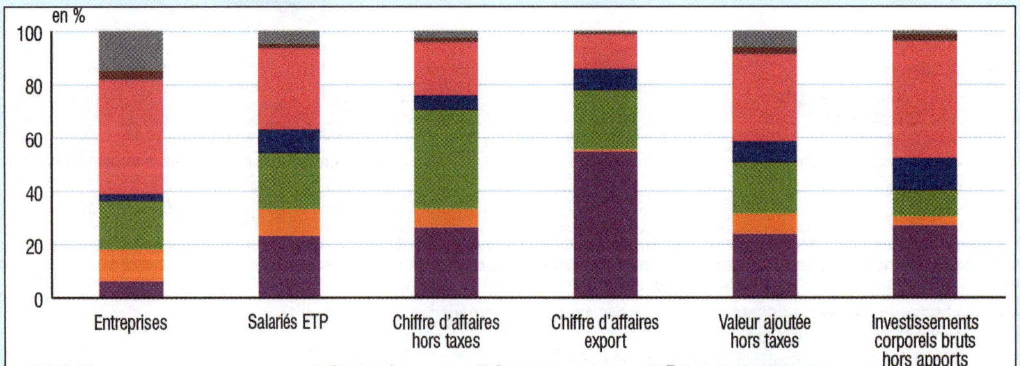

1. Hébergement et restauration, information et communication, activités immobilières, services aux entreprises, services aux particuliers ; hors services financiers.
2. Activités auxiliaires de services financiers et d'assurance et activités des sociétés *holding*. 3. Partie marchande.
Champ : France, unités légales et entreprises profilées des secteurs marchands non agricoles.
Source : Insee, Ésane.

Principales activités selon la valeur ajoutée en 2015

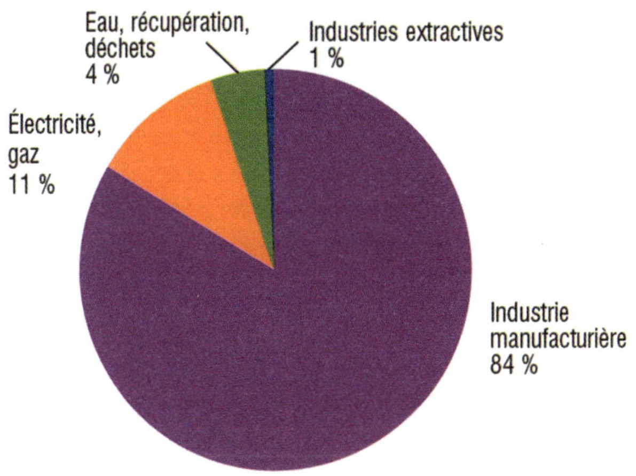

Champ : France, unités légales et entreprises profilées du secteur de l'industrie.
Source : Insee, Ésane.

Production en volume

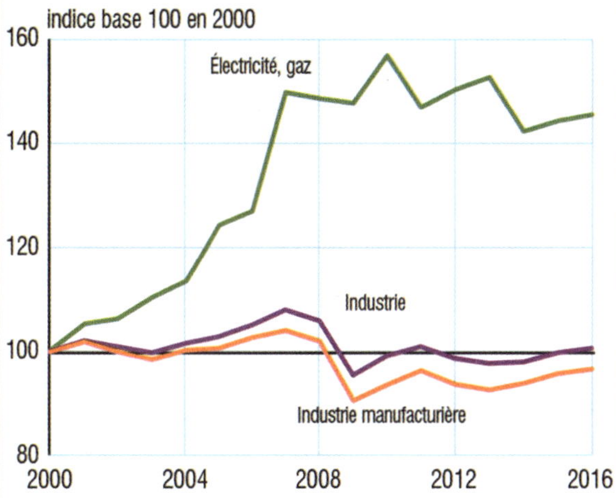

Champ : France, branches industrielles.
Source : Insee, comptabilité nationale.

2 Commentez les principales répartitions concernant le secteur d'activité de l'entreprise Legrand dans l'économie française.

Les entreprises du secteur industriel représentent environ 5 % du total des entreprises françaises. Elles embauchent 22 % des salariés et réalisent un chiffre d'affaires HT qui représente 25 % du total réalisé au niveau national par l'ensemble des entreprises, quel que soit le secteur ; 55 % du CA français réalisé à l'export l'est grâce au secteur industriel. Les entreprises de ce secteur contribuent à hauteur de 22 % au PIB (somme des VA) de la France. Enfin, ¼ des investissements français concerne ce secteur.

3 Précisez la contribution du secteur d'activité de l'entreprise Legrand dans la réalisation de la valeur ajoutée nationale.

On observe en outre que les entreprises manufacturières *(à expliquer aux élèves)* auxquelles appartient le groupe Legrand, représentent 84 % du secteur industriel. Le volume de production de cette branche tend à se stabiliser depuis 2009 même si le niveau de production reste inférieur à celui de la période avant 2008.

ACTIVITÉ 3 Quelles sont les perspectives du secteur d'activité ?

COMPRENDRE La **FDME** est la **Fédération des distributeurs de matériel électrique.** C'est une organisation professionnelle qui représente et défend les intérêts des distributeurs professionnels de matériel électrique et génie climatique auprès des pouvoirs publics et des autres acteurs économiques.

Elle fédère des entreprises constituées de groupes de taille internationale, de groupements, de réseaux et d'indépendants. En France, près de 80 % du matériel électrique et génie climatique est distribué via les points de vente des adhérents de la FDME.

La FDME renseigne ainsi les entreprises adhérentes appartenant à son secteur d'activité sur l'évolution des marchés, des techniques, les tendances de consommation...

DOC 3 Reprise de la filière électrique

La filière électrique a retrouvé le chemin de la croissance, grâce à l'embellie dans le bâtiment. Elle mise de plus en plus sur le digital, mais également sur des relais comme la domotique.

À la même époque l'an dernier dans le cadre du précédent Top 100, Négoce se faisait l'écho des espoirs de la distribution électrique qui entrevoyait le redémarrage. Après une année 2016 tout juste à l'équilibre, la tendance pendant l'été 2017 s'affichait à +2 % selon [...] la FDME. Les espoirs de la filière n'ont pas été déçus : l'année s'est terminée sur un +4,7 % assez flatteur.

www.lemoniteur.fr, 24 septembre 2018

4 Indiquez l'intérêt pour une entreprise d'adhérer à une organisation professionnelle.

Cela permet à l'entreprise d'obtenir des données sur son secteur d'activité : évolution de la demande, tendances de consommation...

5 Précisez l'évolution du marché de la distribution électrique pour 2017.

Le marché de la distribution électrique a progressé de 4,7 %.

6 Indiquez les domaines de ce secteur qui se développent le plus.

Le digital et la domotique.

7 Précisez l'intérêt pour une entreprise comme Legrand de connaître ces informations.

Legrand peut ainsi adapter sa production afin de fournir les produits demandés par ses clients.

Je fais le point

Les critères d'analyse des secteurs d'activité

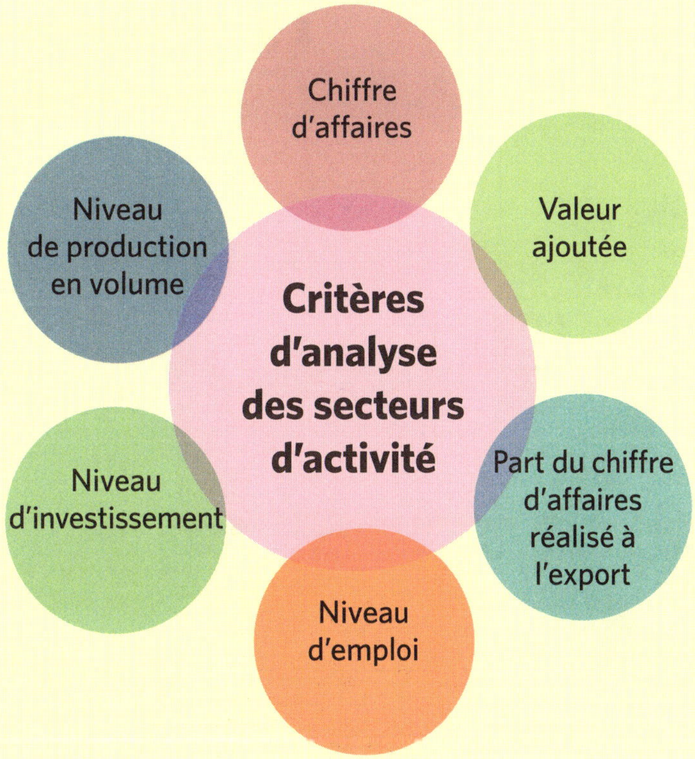

Je reformule

Présentez les critères permettant d'analyser un secteur d'activité.

Afin d'analyser la place d'un secteur d'activité dans l'économie, il convient de le comparer avec d'autres secteurs selon des critères communs.

Les principaux critères retenus sont :

– le chiffre d'affaires de chaque secteur ;

– la production en volume (quantité) de chaque secteur ;

– la valeur ajoutée dégagée de chaque secteur ;

– la part du chiffre d'affaires réalisé à l'export de chaque secteur ;

– le niveau de l'emploi dans chaque secteur ;

– le niveau des investissements réalisés dans chaque secteur.

Et vous ? Comment envisagez-vous l'avenir de votre métier au sein de votre futur secteur d'activité ?

À moi de jouer !

Je vérifie mes connaissances
Évaluer l'importance d'un secteur d'activité dans l'économie
lienmini.fr/eg30670exo02

1 | Évaluer l'importance d'un secteur d'activité

VIDÉO
La maison connectée Legrand 1'53
lienmini.fr/eg30670legrand

DOC Le marché de la domotique

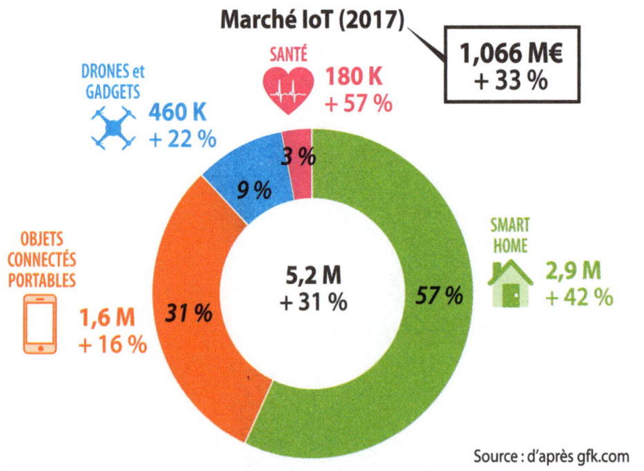

Marché SMART HOME (2017)

	Poids en CA	Évolution	Part de smart
GROS ÉLECTRO-MÉNAGER	42 %	+ 80 %	< 5 %
LOISIRS	25 %	– 5 %	> 33 %
GESTION DE L'ÉNERGIE ET SÉCURITÉ	15 %	+ 52 %	< 10 %
PETIT ÉLECTRO-MÉNAGER	11 %	+ 83 %	< 5 %
RÉSEAUX ET COMMUNICATION	8 %	+ 17 %	> 25 %

IoT : Internet of Thing = Internet des objets.

GEM : Gros ÉlectroMénager.

Caractérisez le secteur lié à la domotique en trois volets.

Situation globale du marché en valeur et en volume : le seuil du milliard d'euros de chiffre d'affaires est atteint en 2017, avec plus de 5,2 millions d'objets acquis sur la période, soit une progression de 31 %.

Évolution des catégories IoT : toutes les catégories IoT sont en progression à 2 chiffres mais c'est bien le Smart Home le plus dynamique, représentant 2/3 du marché en volume comme en valeur et progressant de 42 % en volume.

Évolution de la sous-catégorie Smart Home : les produits du gros électroménager connecté pèsent le plus dans le chiffre d'affaires Smart Home, à hauteur de 42 % et surtout, affichent une progression de +80 % en 2017. Or, c'est une catégorie de produits encore faiblement connectés (moins de 5 % de l'ensemble du GEM disponible sur le marché). Ainsi, le Smart GEM présente donc un potentiel de croissance fort, en valeur comme en volume.

2 | Recherche documentaire

Par groupe de deux ou trois élèves, recherchez sur Internet des informations concernant les évolutions envisagées de votre futur secteur d'activité (emploi, métiers, production, valeur ajoutée...) et présentez-les sous forme de tableau.

Mes missions

Mission 3 Identifier les différentes formes d'organisation et leurs finalités

M. Peres vous montre le journal de l'entreprise, qui met en avant les partenariats engagés par l'entreprise Legrand avec plusieurs organisations.

DOC 1 Extraits du journal de l'entreprise

L'actualité éco…

• Important contrat signé avec les Chantiers de l'Atlantique de Saint-Nazaire pour fournir les éléments de câblage des cabines de leur futur paquebot.

• Orange passe commande pour répondre à la demande de l'État et des régions en matière de développement de la fibre.

L'engagement citoyen…

L'équipe « Legrand » prendra le départ du Tour du Lac organisé par le club sportif ACB ce dimanche.

Travaux…

Sécurisation du site : les travaux débuteront à partir du mois prochain. Ils seront réalisés par notre prestataire de sécurité Sécuritas.

Agenda…

La Sécurité sociale tiendra une permanence mardi prochain pour informer les salariés sur leurs droits.

Une collecte sera effectuée la semaine prochaine au profit de l'association ELA.

ACTIVITÉ 1 Quelles sont les différentes organisations ?

DÉFINITION

Organisation : groupe social formé d'individus en interaction, ayant un but collectif (ex. : entreprise, administration publique, syndicat, parti politique, association, etc.).

COMPRENDRE En France, il existe plusieurs types d'organisations : des **entreprises privées**, des **organisations publiques** (administrations) ou des **organisations à but non lucratif**. Les organisations à but non lucratif, dont le but est de promouvoir le sport, la culture, des idées, de venir en aide à la population etc., peuvent revêtir différentes formes : associations, organisations non gouvernementales (ONG), fondations, fédérations et syndicats.

1 Retrouvez à quelle catégorie appartient chaque partenaire de l'entreprise figurant dans le DOC. 1.

Organisations privées	Organisations publiques	Organisations à but non lucratif
Chantiers de l'Atlantique Orange Sécuritas	État Régions Sécurité sociale	ACB ELA

M. Peres vous explique que l'entreprise Legrand s'intéresse de plus en plus au dynamisme des entreprises de l'économie sociale et solidaire. Il vous remet un article concernant un client.

DOC 2 Enercoop, un exemple d'entreprise de l'économie sociale et solidaire

Non seulement Enercoop est qualifié de fournisseur d'électricité « vraiment vert » par Greenpeace mais surtout c'est le seul fournisseur bénéficiant de l'agrément Entreprise Solidaire d'Utilité Sociale (ESUS), défini à l'article 11 de la loi ESS de juillet 2014 !

Les entreprises et structures de l'économie sociale et solidaire se distinguent par trois principes :
• un objet social et des activités d'utilité sociale (soutien à des publics vulnérables, cohésion territoriale ou développement durable) ;
• une lucrativité limitée et l'orientation de leurs excédents vers la poursuite de leur activité souvent non lucrative ;
• une gouvernance transparente et démocratique.

Afin que cette démarche soit reconnue par l'État, l'agrément ESUS est accordé aux entreprises solidaires dont l'écart des salaires est limité et dont les activités et le modèle économique répondent à une utilité sociale reconnue au sens de l'article 2 de la loi ESS de 2014.

Outre la notoriété institutionnelle, l'agrément ESUS reçu pour 5 ans confirme notre rôle de contributeur aux politiques publiques de l'État et nous permet d'accéder à des aides particulières (finance solidaire, épargne salariale et parfois dispositifs fiscaux, mais ce n'est plus notre cas).

Cela apporte une reconnaissance publique du modèle coopératif d'Enercoop, et de son utilité sociale, solidaire et écologique.

www.enercoop.fr, 9 octobre 2018

(DÉFINITIONS)

Économie sociale et solidaire (ESS) : ensemble de structures qui reposent sur des valeurs et des principes communs : utilité sociale, coopération, ancrage local adapté aux nécessités de chaque territoire et de ses habitants. Les activités de l'ESS ne visent pas l'enrichissement personnel mais le partage et la solidarité pour une économie respectueuse de l'homme et de son environnement.

Lucratif : qui procure un gain, du profit, des bénéfices.

VIDÉO

Tu connais l'ESS ? 2'36

lienmini.fr/eg30670ess

2 Précisez à quelle forme d'économie appartient Enercoop.

ESS

3 Indiquez quelles sont les caractéristiques des entreprises appartenant à l'économie sociale et solidaire (ESS).

Objet social et activités d'utilité sociale, lucrativité limitée, gouvernance transparente et démocratique, encourager le développement d'idées novatrices, réconcilier l'économie et le social.

DOC 3 Cocréation : entreprises classiques et sociales alliées pour la bonne cause

Un grand groupe, une association et une PME peuvent, malgré des missions et des objectifs pas toujours alignés, avoir intérêt à travailler ensemble. C'est ce que l'on appelle la cocréation.

Pour Anaïs Petit, chargée de communication au sein d'Ashoka, le terme cocréation désigne « des modes de collaboration innovants entre les différentes parties prenantes de la société, afin d'imaginer des réponses nouvelles à des enjeux sociétaux majeurs ». [...]

La cocréation permet souvent d'enrichir les compétences de ses différents intervenants. [...] La cocréation peut être un véritable tremplin pour les entrepreneurs sociaux qui veulent avoir plus d'impact. [...] L'entreprise classique également y voit son intérêt. « La cocréation avec l'économie sociale et solidaire permet de faire alliance avec des acteurs devenus incontournables dans le paysage économique. Ils font preuves d'une agilité et d'une réelle inventivité, complémentaires aux structures comme la nôtre », argumente Cédric Laroyenne, expert innovation sociale à la fondation Accenture.

Sébastien Lévrier, www.say-yess.com, 29 mai 2018

VIDÉO

Lemon Aide, une entreprise d'insertion 0'54

lienmini.fr/eg30670lemon

4 À l'aide du DOC. **3**, donnez une ou plusieurs raisons qui poussent les grandes entreprises à s'intéresser à ces nouvelles formes d'organisation.

Mode de collaboration innovant, réponses nouvelles aux enjeux sociétaux, enrichir les compétences, bénéficier d'une complémentarité plus agile et inventive.

DOC 4 Renforcer les politiques de développement local et durable

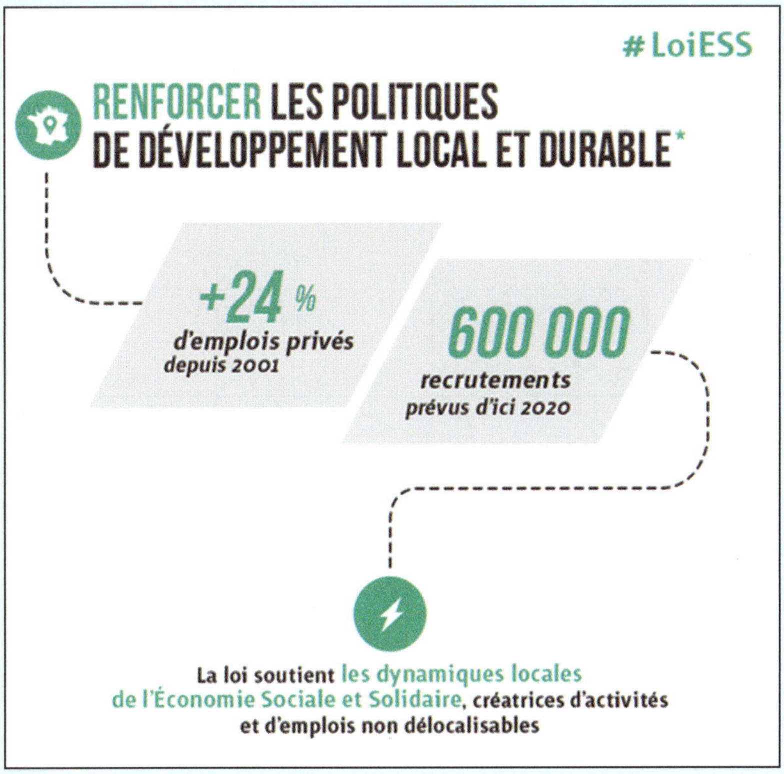

economie.gouv.fr, ministère de l'Économie et des Finances

5 À l'aide du DOC. **4**, donnez une ou plusieurs raisons qui poussent l'État à encourager le développement des ces nouvelles formes d'organisation.

– +24 % d'emplois privés depuis 2001.

– 600 000 recrutements prévus d'ici 2020.

– Développement d'activités nouvelles.

– Emplois non délocalisables.

– Développement économique des territoires.

ACTIVITÉ 2 Quelles sont les finalités et les objectifs des organisations ?

DOC 5 Les finalités et les objectifs des organisations

La **finalité** d'une organisation est soit marchande, soit non marchande.

Si elle cherche à faire des bénéfices pour s'enrichir en vendant des biens ou des services marchands (c'est-à-dire vendus au prix du marché), on dit que l'organisation a une **finalité marchande**.

Si elle souhaite venir en aide aux citoyens, en fournissant des services non marchands (vendus à un prix inférieur au marché voire fournis gratuitement), l'organisation à une **finalité non marchande**.

L'objectif correspond au but que l'organisation veut atteindre. On distingue trois grandes catégories d'objectifs poursuivis par les organisations :

- la création de richesses et la **réalisation de profits** pour les entreprises privées ;
- la **satisfaction de l'intérêt général** dans le cadre d'une mission de service public ;
- la production de biens et de services non marchands pour défendre des idées, un intérêt commun, offrir une aide... pour les organisations à **but non lucratif**.

6 Indiquez à l'aide d'une croix, pour chaque organisation citée dans le DOC. 1, la finalité et l'objectif poursuivis.

Organisation	Finalité		Objectif		
	Marchande	Non marchande	Réalisation de profit	Satisfaction de l'intérêt général	But non lucratif
Chantiers de l'Atlantique	X		X		
Orange	X		X		
État		X		X	
Région		X		X	
ACB		X			X
Sécuritas	X		X		
Sécurité sociale		X		X	
Association ELA		X			X
Enercoop	x		x		

Je fais le point

Les différents types d'organisation

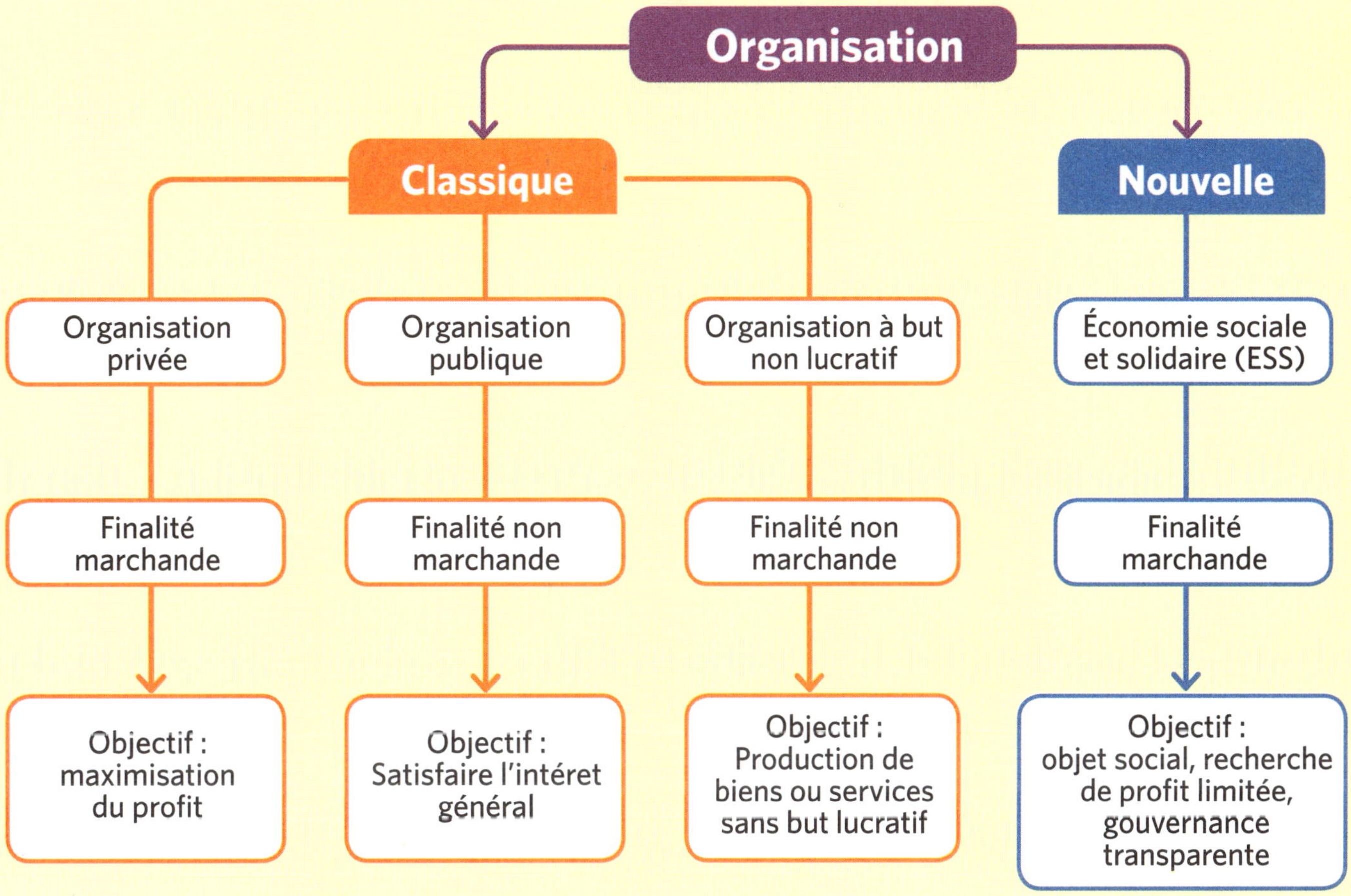

Je reformule

Présentez les différentes formes d'organisation.

Il existe dans l'économie actuelle deux grandes formes d'organisation : la forme classique, et une nouvelle forme liée à l'ESS.

Les organisations classiques sont les organisations privées (entreprises) qui ont une finalité marchande à travers la recherche du profit, les organisations publiques (administrations) qui ont une finalité non marchande et l'objectif de satisfaire l'intérêt général, et enfin les organisations à but non lucratif (associations, fondations...) qui ont une finalité non marchande et dont l'objectif tourne autour la production de biens ou de services sans but lucratif.

Dans les nouvelles formes d'organisation liées au développement de l'ESS, la finalité reste marchande mais les objectifs englobent une dimension sociale, la recherche de profit limitée et une gouvernance transparente.

Et vous ?

Quelles organisations appartenant à l'ESS connaissez-vous ?

À moi de jouer !

Je vérifie mes connaissances
Identifier les différentes formes d'organisation et leurs finalités
lienmini.fr/eg30670exo03

1 | Identifier les différentes formes d'organisation

Retrouvez à quelle forme apartient chaque organisation.

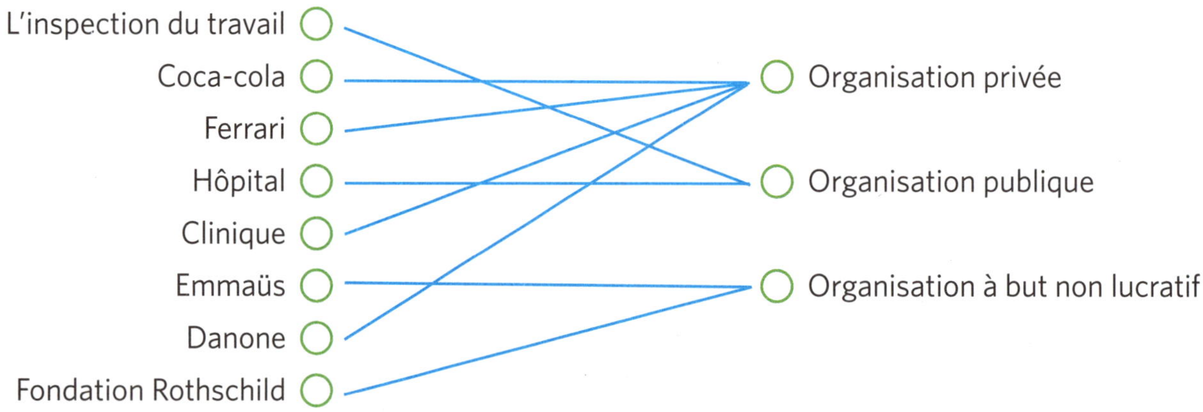

2 | Maîtriser la notion d'ESS

1. Parmi les mots ci-dessous, surlignez l'intrus.

2. Indiquez à quelle forme d'organisation vous fait penser ce nuage de mots.

ESS

3. Rédigez quelques phrases en utilisant les termes du nuage de mots et en retrouvant les interactions entre eux.

L'ESS regroupe des structures économiques dont le statut, l'organisation, le fonctionnement et l'activité sont basés sur la solidarité, l'équité et l'utilité sociale, avant la recherche du profit. Ces structures ont notamment pour objectif de favoriser la création d'emplois dans une perspective d'insertion.
Principalement constituées en associations, mutuelles, coopératives ou fondations, les entreprises de l'ESS adoptent un développement participatif et durable.

3 | Exposé

Par groupe de deux ou trois élèves, présentez un exposé de 5 minutes sur une entreprise de l'ESS.
Afin de vous aider à présenter oralement votre travail :
» illustrez vos propos à l'aide d'un logiciel de présentation ;
» proposez au minimum quatre diapositives reprenant les points clés de votre présentation.

BILAN 1

Comment se caractérise un secteur d'activité ?

Synthèse audio
Chapitre 1
lienmini.fr/eg30670synth01

Secteur d'activité
- Selon activité principale de l'entreprise

Entreprise
- Grande entreprise
- Établissement de taille intermédiaire
- Petite et moyenne entreprise
- Très petite entreprise

Production
- Biens et/ou services
- Marchande ou non marchande

L'importance d'un secteur d'activité

Critères
- Chiffre d'affaires national et à l'export
- Quantités produites
- Valeur ajoutée dégagée
- Niveau d'investissement / Niveau d'emploi

Les organisations et leurs finalités

Organisation privée
- Finalité marchande
- Maximisation du profit

Organisation publique
- Finalité non marchande
- Satisfaction de l'intérêt général

Organisation à but non lucratif
- Finalité non marchande
- Production de biens et/ou services sans but lucratif

Organisation liée à l'ESS
- Finalité marchande
- Pas de recherche systématique de maximisation du profit, objectif social et management participatif

Je construis mon cours

Résumez les idées essentielles de chaque mission.

Mission 1 Présenter un secteur d'activité

Il existe plusieurs secteurs d'activité qui dépendent de l'activité principale de l'entreprise. Chaque secteur comporte plusieurs entreprises de tailles différentes. Chaque entreprise produit des biens et/ou des services marchands ou non marchands.

Mission 2 Évaluer l'importance d'un secteur d'activité dans l'économie

Pour évaluer un secteur dans l'économie, il faut réunir plusieurs données chiffrées telles que le chiffre d'affaires, la valeur ajoutée produite, la part de l'emploi, les quantités produites, le niveau d'investissement dans le secteur, la part des ventes réalisées à l'export...

Ces données seront comparées à celles des autres secteurs.

Mission 3 Identifier les différentes formes d'organisation et leurs finalités

Il existe trois catégories d'organisations classiques. Les organisations privées ont une finalité marchande. Les organisations publiques et les organisations à but non lucratif ont une finalité non marchande.

L'ESS a fait apparaître une nouvelle forme d'entreprise, dont la finalité reste marchande mais dont l'objectif ne consiste pas en la maximisation du profit. L'objectif est aussi social et participatif.

Je réponds à d'autres problématiques

Répondez aux questions, en utilisant obligatoirement les mots entre parenthèses.

1 Qu'est-ce qu'un secteur d'activité ? (entreprise et nomenclature)

Un secteur d'activité est un regroupement d'entreprises de fabrication, de commerce ou de service qui ont la même activité principale, définie par la Nomenclature d'activités française (NAF) de l'Insee.

2 Quels sont les critères utiles pour mesurer l'importance d'un secteur d'activité ? (chiffre d'affaires et emploi)

On peut utiliser les critères suivants pour mesurer l'importance d'un secteur d'activité :
- chiffre d'affaires ;
- quantité produite ;
- exportations ;
- emploi ;
- investissement ;
- valeur ajoutée produite ;
- nombre d'entreprises...

3 Quelles différences existe-t-il entre une organisation privée classique et une organisation privée liée à l'ESS ? (lucratif et profit)

L'objectif des organisations privées classiques est la maximisation du profit.
L'économie sociale et solidaire a fait émerger une nouvelle forme d'organisation privée qui cherche à faire du profit mais dont le statut, l'organisation, le fonctionnement et l'activité sont plus fondés sur les principes de la solidarité, de l'équité et de l'utilité sociale. Ces structures ont notamment pour objectif de favoriser la création d'emplois. Elles utilisent le management participatif et le réinvestissement des bénéfices dans l'activité.

JE RÉPONDS À LA MISE EN SITUATION PROFESSIONNELLE DE DÉPART

Maintenant que vous avez analysé l'ensemble des documents, M. Peres veut que vous répondiez à sa demande : réaliser une fiche synthétique résumant les principales informations à connaître sur le secteur d'activité de l'entreprise Legrand, afin que vous soyez plus à l'aise lors de la journée portes ouvertes.

Dans cette fiche synthétique, vous devrez identifier pour l'entreprise Legrand :
- son secteur d'activité ;
- sa catégorie ;
- sa forme d'organisation et sa finalité ;
- la place de son secteur dans l'économie ;
- les perspectives de développement du secteur.

Vous pouvez utiliser une application numérique ou un logiciel de mise en forme.

Méthode 1 — Comprendre et analyser un graphique

Je comprends la méthode

DOC 1 **Répartition du chiffre d'affaires 2018 par secteur d'activité - groupe ITS**

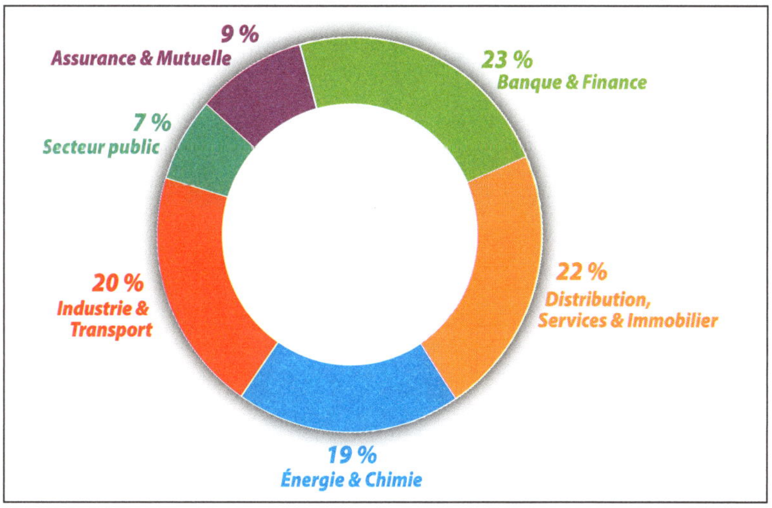

Le groupe ITS est une ENS (entreprise au service du numérique). Ses clients font partie de différents secteurs d'activité.

Source : itsgroup.com

Étape 1 Identifier les caractéristiques générales du graphique

- Cochez le type de graphique. ☒ Diagramme circulaire ☐ Histogramme ☐ Nuage de points
- Indiquez le titre. Répartition du chiffre d'affaires 2018 par secteur d'activité
- Retrouvez l'origine des données. Le groupe ITS
- Précisez l'unité utilisée. En %
- Indiquez la période concernée et le lieu. Étude menée en 2018

☐ J'ai validé l'étape 1

Étape 2 Comprendre le graphique

- Identifiez les catégories présentées dans chaque segment.
  Les catégories représentent les différents secteurs d'activité des clients d'ITS.
- Retrouvez la représentation des données en entourant la réponse appropriée.
  Répartition chronologique Répartition tripartite (Répartition par ordre de grandeur)

☐ J'ai validé l'étape 2

Étape 3 Restituer les idées principales du graphique

- Trouvez l'idée principale. Les clients d'ITS sont répartis dans 6 secteurs d'activité différents. L'avantage est que l'entreprise n'est pas dépendante d'un seul secteur.
- Illustrez les idées secondaires en comparant les données. Les clients sont concentrés dans 4 grands secteurs d'activité : banque et finance – distribution, services et immobilier – énergie et chimie – industrie et transport. Deux autres secteurs sont moins représentés : le secteur public et le secteur de l'assurance mutuelle (16 % des clients dans ces deux secteurs).
- Illustrez les idées. Banque et finance – distribution, services et immobilier représentent 45 % des clients (23 % + 22 %). 84 % des clients sont concentrés dans les 4 secteurs d'activité principaux.

☐ J'ai validé la méthode

J'applique la méthode

DOC 2 Évolution du nombre de créations d'entreprises en France

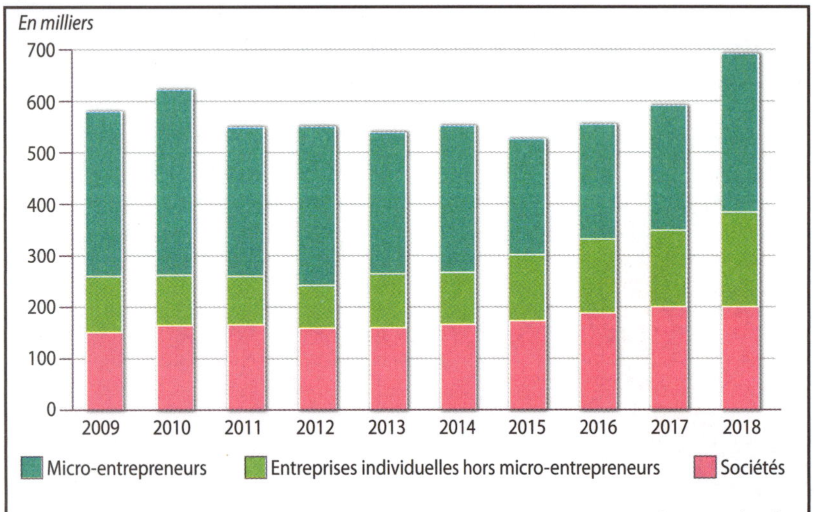

Source : www.insee.fr

Étape 1
Identifier les caractéristiques générales du graphique

✔ C'est un histogramme qui représente l'évolution de la création d'entreprises en fonction de leur forme juridique : entre 2009 et 2018.

✔ L'origine des données est l'Insee : l'Institut national des statistiques et des études économiques.

✔ Les chiffres sont annoncés en milliers.

Étape 2
Comprendre le graphique

✔ L'axe des abscisses représente les années. C'est un axe de données chronologiques.

✔ L'axe des ordonnées représente le nombre de créations d'entreprises en milliers. C'est un axe de données quantitatives. Ces données sont réparties en fonction du nombre de créations d'entreprises selon leur forme juridique (micro-entrepreneurs, EI et sociétés).

Étape 3
Restituer les idées principales du graphique

Entre 2009 et 2011, les créations d'entreprises ont fluctué. Après avoir connu une baisse à partir de 2011, elles repartent à la hausse à partir de 2015.

Proportionnellement, c'est le nombre de micro-entreprises qui connaît l'augmentation la plus importante (201 000 en 2015, 300 000 en 2018), soit une augmentation de 42 % de créations de micro-entreprises en 3 ans.

Les EI restent stables, 190 000 sont créées en 2018.

Les créations de sociétés, après avoir connu une baisse entre 2011 et 2015, restent stables avec 200 000 créations en 2017 et en 2018.

Méthode Comprendre et analyser un texte 2

Je comprends la méthode

DOC 1 Dans quels cas recourir à un inspecteur du travail ?

Introduction | Tout salarié et employeur peut contacter l'unité territoriale de la Direccte dont dépend l'entreprise. Les agents de contrôle de l'inspection du travail assurent des permanences sur place. En pratique, la saisine est souvent effectuée par les représentants du personnel. Le salarié ou l'employeur doit recourir à l'inspection du travail lorsqu'une disposition légale ou réglementaire l'impose.

Paragraphe 1 | Il est obligatoire de contacter l'inspection du travail dans les cas suivants : l'élaboration du règlement intérieur de l'entreprise ; la dérogation à la durée maximale de travail ; la mise en place d'un dispositif d'horaires individualisés ; le travail dissimulé ; l'autorisation d'une rupture conventionnelle ou d'un licenciement d'un salarié protégé.

Paragraphe 2 | L'inspecteur du travail intervient dans les cas suivants : il contrôle l'application des dispositions légales, réglementaires, conventionnelles et collectives en matière de relations de travail entre le salarié et l'entreprise ; il conseille et informe tous les salariés et employeurs sur leurs droits et obligations en matière de réglementation du travail ; il constate les infractions à la législation du travail et, dans certains cas, sanctionne l'employeur (pour travail illégal, par exemple) ou condamne l'employeur à une amende administrative ou une transaction pénale.

www.service-public.fr, vérifié le 27 mars 2018.

Étape 1 Repérer l'environnement du texte

- Surlignez le titre, la source et la date.
- Cochez le contexte du texte. ☐ Économique ☒ Juridique
- Replacez à gauche du texte : l'introduction, les paragraphes 1 et 2.

☐ J'ai validé l'étape 1

Étape 2 Effectuer une première lecture du texte entier

- Identifiez le thème global du document. Ce texte concerne les missions des inspecteurs du travail et les cas où il est obligatoire de les contacter.

☐ J'ai validé l'étape 2

Étape 3 Effectuer une deuxième lecture paragraphe par paragraphe

- Relevez les informations contenues dans l'introduction.

L'introduction indique comment joindre l'inspecteur du travail et qui peut le contacter.

- Cochez si le paragraphe 1 concerne :
  - ☒ les cas où il faut obligatoirement contacter l'inspecteur du travail.
  - ☐ les contrôles effectués par l'inspecteur du travail.
- Relevez les idées les plus importantes du paragraphe 1.

L'inspection du travail doit être obligatoirement contactée pour l'élaboration du règlement intérieur de l'entreprise, en cas d'adaptation du temps de travail et en cas de rupture du contrat avec un salarié protégé.

- Déterminez le thème du paragraphe 2.

Les contrôles effectués par l'inspecteur du travail dans les entreprises.

- Identifiez les missions de l'inspecteur du travail dans le paragraphe 2 :

Il contrôle, conseille et informe ; il constate des infractions et peut sanctionner ou condamner dans certains cas.

☐ J'ai validé la méthode

J'applique la méthode

DOC 2 Qu'est-ce que l'économie sociale et solidaire ?

Introduction

Coopérative, mutuelle, association, fondation... Les acteurs de l'économie sociale et solidaire (ESS), quel que soit leur statut, adoptent des principes communs de solidarité et d'utilité sociale. Leur fonctionnement répond à des modes de gestion spécifiques, qui s'appuient sur un cadre juridique adapté.

Les principes de l'ESS

Les principes de l'économie sociale et solidaire
Le concept d'économie sociale et solidaire (ESS) désigne un ensemble d'entreprises organisées sous forme de coopératives, mutuelles, associations, ou fondations, dont le fonctionnement interne et les activités sont fondés sur un principe de solidarité et d'utilité sociale. Ces entreprises adoptent des modes de gestion démocratiques et participatifs. Elles encadrent strictement l'utilisation des bénéfices qu'elles réalisent : le profit individuel est proscrit et les résultats sont réinvestis. Leurs ressources financières sont généralement en partie publiques. L'ESS emploie 2,4 millions de salariés en France, soit 12,8 % de l'emploi privé, selon le bilan de l'emploi dans l'économie sociale en 2016, publié par Recherches et solidarités en juin 2017. Les effectifs les plus importants évoluent dans le milieu associatif (77 %).

Le financement de l'ESS

Le financement de l'économie sociale et solidaire
Le gouvernement a annoncé en novembre 2018 un pacte de croissance pour l'économie sociale et solidaire, afin de favoriser les entreprises de l'ESS, notamment via la commande publique. La Banque des territoires apportera 150 millions d'euros au secteur. Dans le cadre de la mise en œuvre du Programme d'investissements d'avenir, la Caisse des dépôts s'est vu confier par l'État la gestion d'une dotation de 100 millions d'euros en faveur de l'économie sociale et solidaire, afin de renforcer les fonds propres d'entreprises du secteur et de consolider les emplois. Le financement participatif figure également parmi les outils évoqués par Bpifrance.

Cedef, Centre de documentation Économie-Finances, www.economie.gouv.fr/cedef/economie-sociale-et-solidaire, mars 2019.

Étape 1 — Repérer l'environnement du texte

Le texte est issu d'un document économique émis par le site du ministère de l'Économie, paru en mars 2019. Le thème abordé est l'économie sociale et solidaire (ESS).

Étape 2 — Effectuer une première lecture du texte entier

Ce texte présente les principes de l'ESS, son fonctionnement et son financement. Il insiste sur le principe d'utilité sociale des acteurs de l'ESS et les modes de financement mis en place pour favoriser l'ESS, notamment le financement participatif.

Étape 3 — Effectuer une deuxième lecture paragraphe par paragraphe

✔ Introduction : principes des acteurs de l'ESS, et notamment la fonction « d'utilité sociale », c'est-à-dire avoir pour objectif d'apporter un soutien à des personnes en situation de fragilité, de contribuer à la lutte contre les exclusions et les inégalités ou encore de concourir au développement durable.

✔ Paragraphe 1 : mode de gestion des acteurs de l'ESS, notamment les aspects démocratiques et participatifs : le profit est mutualisé et les résultats sont tous réinvestis. Les financements sont généralement publics. L'ESS emploie 2,4 millions de salariés en France, soit 12,8 % de l'emploi privé en 2016. Ces emplois sont essentiellement concentrés dans le milieu associatif.

✔ Paragraphe 2 : mesures prises par le gouvernement pour financer l'ESS. Un pacte de croissance (mesure annoncée en novembre 2018) est prévu pour favoriser les acteurs de l'ESS. La Banque des territoires apportera 150 millions d'€ au secteur. L'État réalise une dotation de 100 millions d'€. Les acteurs de l'ESS bénéficient aussi du financement participatif.

2 Comment une entreprise interagit-elle avec son environnement ?

Capacités
- Identifier les différents agents économiques
- Repérer les échanges réalisés par une entreprise avec les autres agents économiques

Notions abordées
- Agents économiques
- Échanges
- Marché

SITUATION PROFESSIONNELLE

Vous effectuez votre PFMP en tant que technicien de maintenance des équipements, sous la responsabilité de Mathilde Bucasan, au siège social de l'entreprise Michelin à Clermont-Ferrand (Puy-de-Dôme). Il est situé à proximité de plusieurs garages automobiles et de sous-traitants de l'industrie automobile.

Michelin est le deuxième fabricant mondial de pneumatiques, et propose également des services numériques d'aide à la mobilité (viamichelin.com), édite des guides touristiques, gastronomiques et hôteliers (le *Guide vert* ou encore le célèbre *Guide Michelin*), des cartes routières et des atlas.

Mathilde Bucasan a en charge un projet de pneu increvable conçu avec des matériaux naturels. Elle débute son activité et a en premier lieu besoin, pour développer le projet, de mesurer les liens qui unissent Michelin à ses partenaires. Pour cela, elle souhaite comprendre les interactions entre les différents acteurs de son entreprise.

Elle vous demande donc d'effectuer une analyse documentaire sur les relations entre tous les agents économiques de Michelin et de synthétiser les informations sous la forme d'un « mémo ».

VIDÉO

Les raisons d'être de Michelin 3'54

lienmini.fr/eg30670michelin

1. Quelles sont les finalités de l'entreprise Michelin ?
2. Pour qui l'entreprise Michelin s'engage-t-elle ?

Je découvre la question

Interagir : avoir une action réciproque.

Entreprise : organisation créée dans la perspective de produire et de fournir des biens et/ou services à des personnes, physiques ou morales, et ainsi créer de la richesse pour dégager un profit.

Comment une entreprise interagit-elle avec son environnement ?

Environnement de l'entreprise : ensemble des éléments externes à l'entreprise susceptibles d'influencer son activité.

Reformulation de la problématique

Quelles relations les agents économiques entretiennent-ils entre eux ?

Et vous ?

Quelles relations entretenez-vous avec les entreprises de votre entourage ?

Mes missions

Mes missions

Mission 1 Identifier les différents agents économiques

Mathilde Bucasan vous demande de repérer les agents économiques présents autour de l'entreprise.

DOC 1 Les agents économiques du quartier

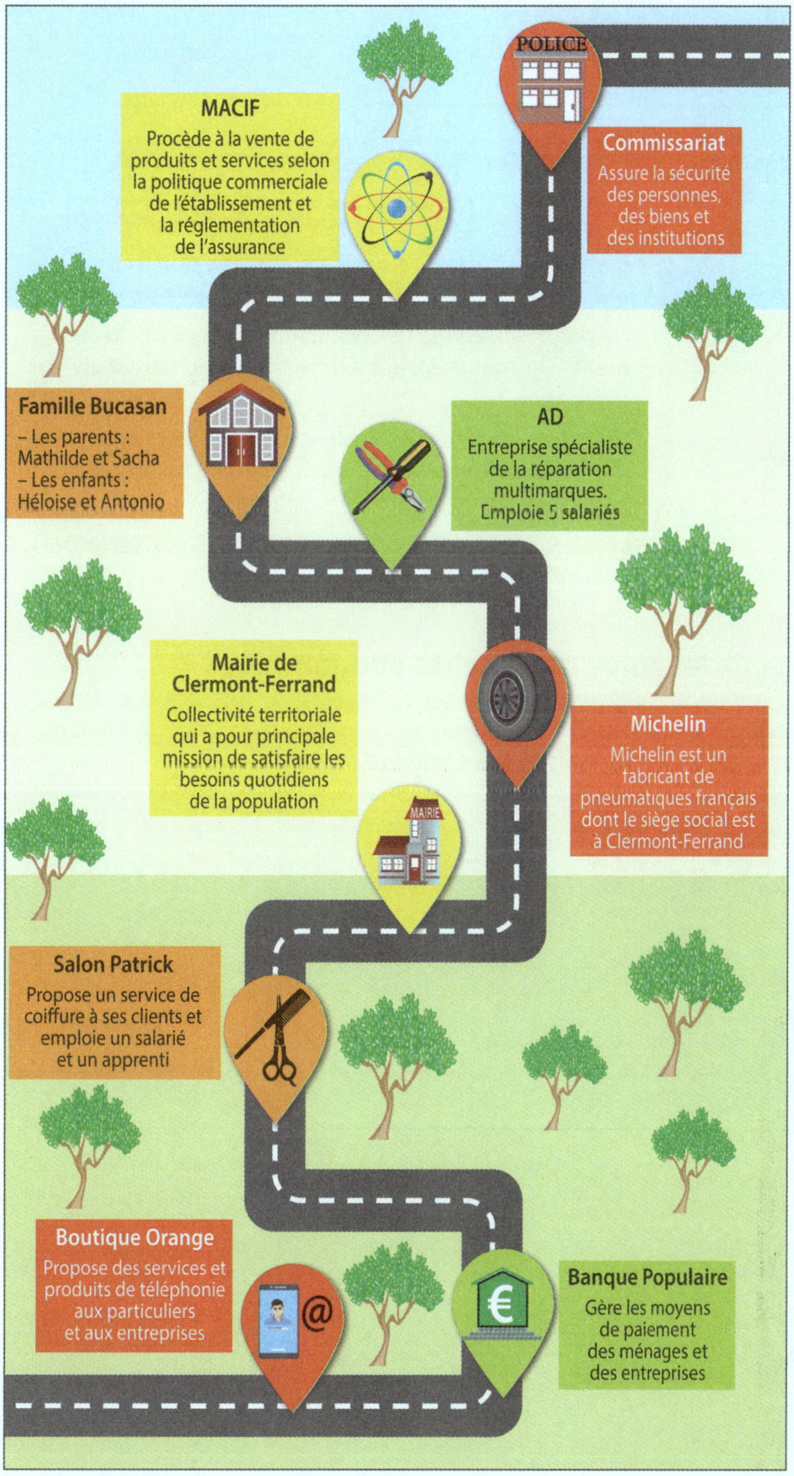

Delagrave, 2019

ACTIVITÉ 1 Quels sont les agents économiques ?

1 En vous aidant du DOC. 1, repérez les différents agents économiques proches de Michelin.

Ménages	Entreprises	Institutions financières	État	RDM (Reste du monde)
Famille Bucasan	Boutique Orange Salon Patrick Michelin AD	BP MACIF	Mairie Commissariat	

(DÉFINITIONS)

Institution financière : assure une mission économique ou financière à ses clients (ex. : une banque).

Ménage : ensemble des occupants d'un même logement. Un ménage peut être composé d'une seule personne.

État : personne morale de droit public qui représente une collectivité, un peuple ou une nation, à l'intérieur ou à l'extérieur d'un territoire déterminé.

ACTIVITÉ 2 Quels sont les rôles des agents économiques ?

2 Reliez chacun des agents économiques à son rôle.

État ○	○ Consomme et épargne.
RDM (Reste du monde) ○	○ Produit des biens et ou des services, elle peut être privée ou publique.
Institution financière ○	○ Assure une mission économique ou financière et fournit des services financiers à ses clients.
Ménage ○	○ Rend des services publics.
Entreprise ○	○ Échange avec les agents économiques nationaux.

Je fais le point

Les agents économiques

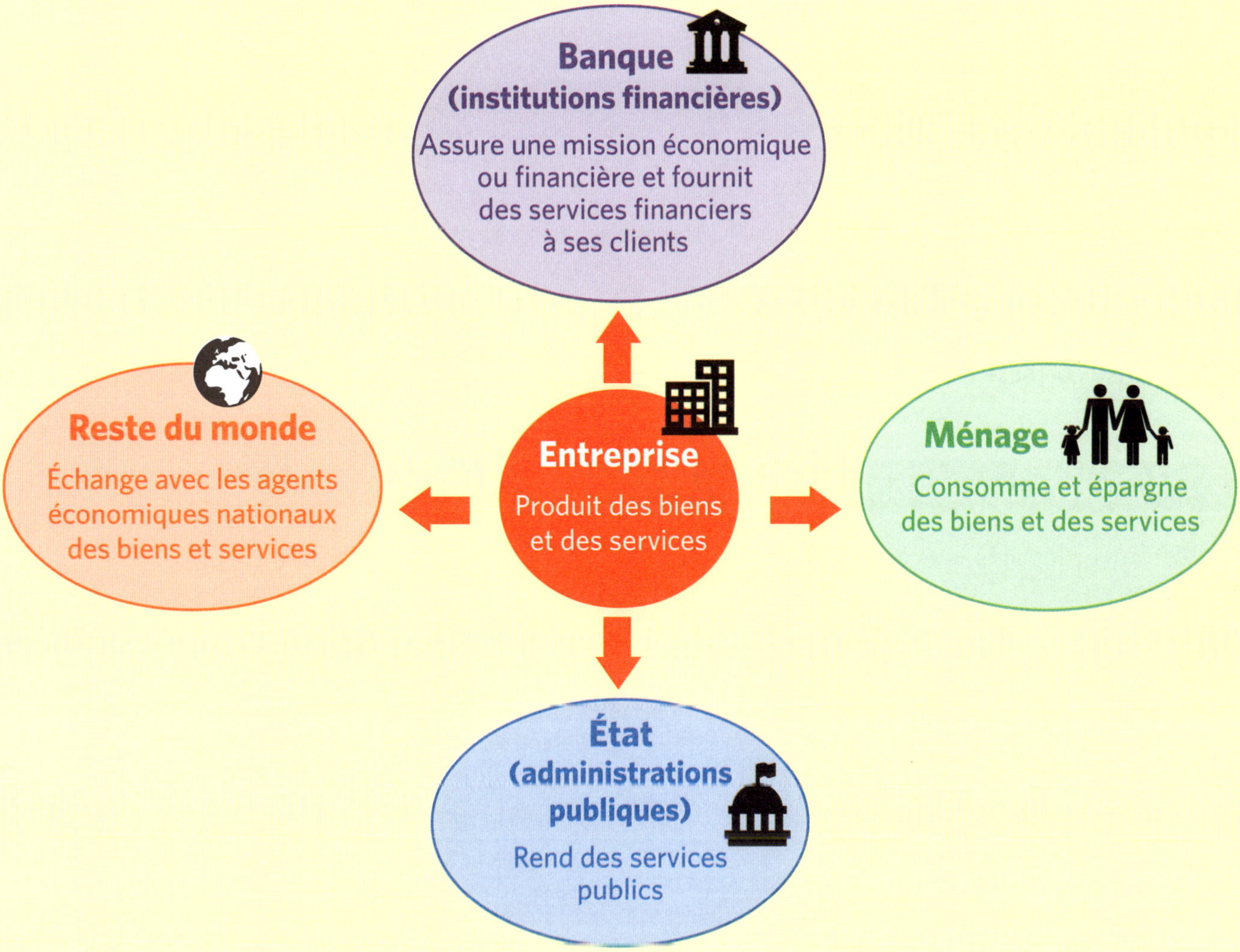

Je reformule

Présentez les différents types d'agents économiques et expliquez leur rôle.

En France, il existe cinq agents économiques qui ont tous des fonctions au sein du circuit économique. Il s'agit des ménages, des entreprises, des banques, de l'État et du reste du monde.

Ces cinq agents interagissent entre eux. Les ménages consomment des biens et des services en fonction de leurs besoins, les entreprises produisent ces mêmes biens et services. Les banques, quant à elles, assurent des missions financières. L'État sert de régulateur et aide la population avec ses administrations.

Et vous ?

Quels sont les agents économiques présents dans votre commune ?

À moi de jouer !

Je vérifie mes connaissances
Identifier les différents agents économiques
lienmini.fr/eg30670exo04

1 | Trouver l'intrus

Parmi les propositions ci-dessous, surlignez celle qui est fausse puis corrigez-la.

1. Les ventes des entreprises aux ménages représentent des échanges entre les entreprises et les ménages.
2. Une banque est une société financière.
3. Un lycée est un agent économique.
4. Il existe trois types d'agents économiques.
5. L'État propose des services non marchands.

Réponse correcte : Il existe cinq types d'agents économiques.

2 | Maîtriser le vocabulaire économique

Retrouvez les agents économiques abordés au cours de votre mission en complétant la grille ci-dessous.

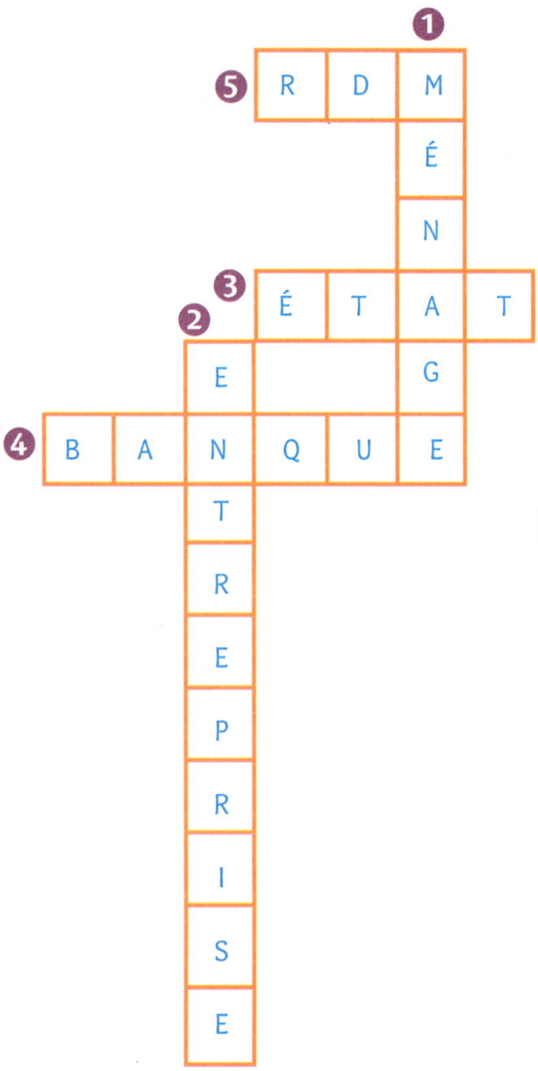

1. M. Marveau achète des biens et des services aux entreprises (au singulier).
2. Carrefour vend des biens et des services aux ménages et aux particuliers (au singulier).
3. La mairie ramasse les poubelles le jeudi.
4. Le crédit Mutuel vient d'accorder un prêt à Linda Huert (au singulier).
5. L&L exporte ses produits et importe sa matière première (sigle).

3 | Exposé

Par groupe de trois ou quatre élèves, présentez un exposé sur les agents économiques présents dans le quartier ou la ville de votre lycée.

Pour réaliser cet exposé, vous devez :

» trouver la carte du quartier ou de la ville sur un site de carte géographique ;

» identifier les agents économiques du quartier par des repères ;

» attribuer des couleurs en fonction des agents (une couleur pour les ménages, une couleur pour les entreprises…) ;

» vérifier l'exactitude de votre travail avant de le présenter à l'oral.

Mes missions

Mission 2 Repérer les échanges réalisés par une entreprise avec les autres agents économiques au sein d'un même marché

ACTIVITÉ 1 Quels sont les différents types de flux (réels et financiers) qui circulent entre les agents économiques ?

Pour affiner votre compréhension, Mathilde Bucasan vous explique que les agents économiques font des échanges entre eux.

VIDÉO
Les échanges 2'04
lienmini.fr/eg30670echanges

DOC 1 Le circuit de la création monétaire

Contrairement à une idée reçue, les banques ne se contentent pas de prêter l'argent qu'elles ont reçu en dépôt. En réalité, elles créent la monnaie *ex nihilo*, à la demande des entreprises et des ménages qui sollicitent des crédits. L'opération permet d'avancer les fonds nécessaires à la création future de richesses (la production des entreprises) ou de revenus (les salaires à venir des ménages). Le rôle des banques traditionnelles – dites « commerciales » – est donc triple : créer la monnaie (1) ; collecter et gérer les dépôts de leurs clients (3 et 6) et faire circuler la monnaie entre les comptes (4).

COMPRENDRE Les échanges se traduisent par des transferts de flux : les **flux réels** de biens (ex. : une télévision) et de services (ex. : une consultation médicale) donnent naissance à une contrepartie, celle des **flux financiers**.

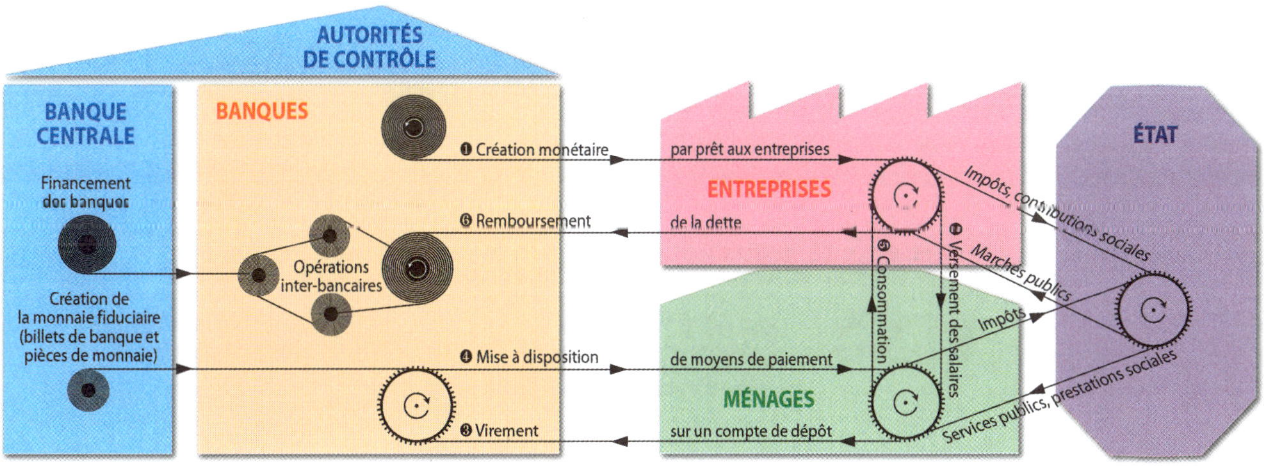

www.monde-diplomatique.fr

1 Identifiez les flux réels qui existent en contrepartie des flux financiers.

Flux financiers	Flux réels
Entre l'État et les entreprises	Services non marchands
Entre les entreprises et les ménages	Biens et services vendus
Entre l'État et les ménages	Services collectifs
Entre les ménages et les entreprises	Biens et services achetés/Travail (facteur de production)

DOC 2 L'environnement de l'entreprise Michelin

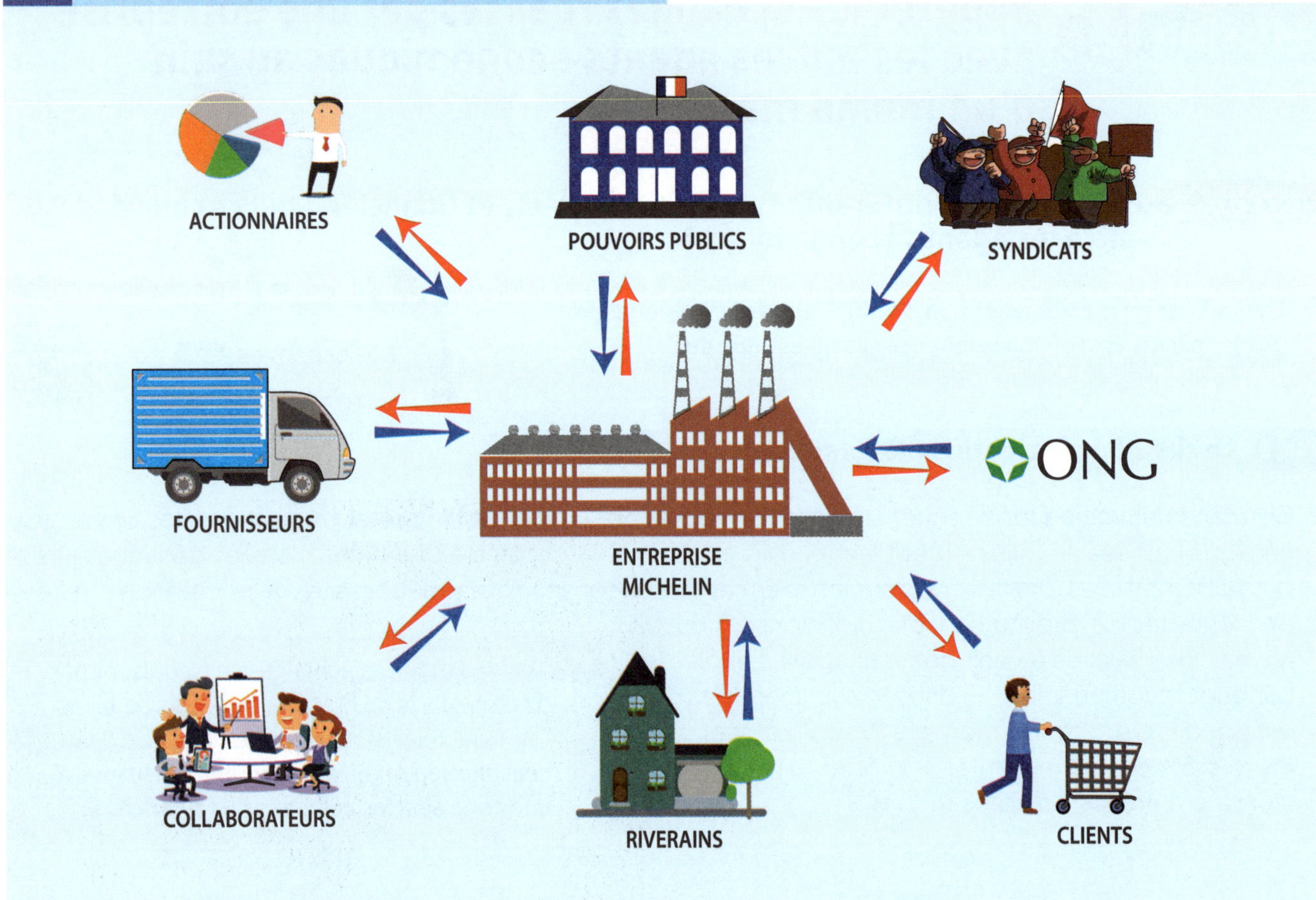

D'après novethic.fr

2 À l'aide du DOC. 2, remplissez le tableau ci-dessous.

Environnement de Michelin	Flux	Possibilités de flux (oui ou non)	Exemples de flux *(accepter toutes les réponses cohérentes)*
Les clients	Flux réels	Oui	Pneus
	Flux financiers	Oui	Paiement des pneus
Les fournisseurs	Flux réels	Oui	Pièces servant à la fabrication des pneus
	Flux financiers	Oui	Paiement des pièces
Les collaborateurs	Flux réels	Non	
	Flux financiers	Oui	Primes, actions, dividendes
Les riverains	Flux réels	Non	
	Flux financiers	Non	

ACTIVITÉ 2 Quelles sont les caractéristiques d'un marché ?

Mathilde Bucasan vous demande de décrire le marché du pneu à partir d'un article de journal.

(DÉFINITIONS)

Marché : lieu de rencontre entre l'offre et la demande. Les différents marchés se caractérisent par trois éléments : les types d'échanges, l'origine de l'offre et l'origine de la demande.

***Pure player* :** entreprise exerçant dans un seul secteur d'activité et uniquement sur Internet.

DOC 3 Baisse de forme pour le marché du pneu en 2018

Les ventes de pneumatiques TC4, c'est-à-dire de remplacement et à destination des berlines, 4×4 et camionnettes, se sont contractées de 3,1 % en 2018. L'année n'a pas été fameuse, mais sa fin s'est révélée laborieuse : -7,6 % de volumes vendus en novembre, -19,4 % en décembre, une tendance attribuée à l'influence des hommes à la chasuble jaune par le Syndicat des professionnels du pneu (SPP).

Cette baisse globale s'est décomposée de la manière suivante : -3,3 % de pneus destinés aux berlines, +5,4 % de pneus pour les 4×4 wet SUV, -5 % pour les pneus de camionnettes. Ce dernier chiffre est particulièrement « préoccupant » selon Régis Audugé, le directeur général du SPP car la baisse se serait accélérée entre 2017 et 2018.

Moins de pneus vendus, et à des prix moindres, toujours d'après le SPP : « Les marges ont baissé, l'alignement se fait par le bas. C'est tant mieux pour les consommateurs, mais plus dur pour les professionnels » résume Michel Vilatte, le président du Syndicat. En réalité, 2018 a été l'année où les prix pratiqués par les réseaux physiques ont rejoint ceux pratiqués par les acteurs 100 % Web (*pure players*), d'après les courbes présentées par le SPP.

Au niveau de la répartition des ventes, peu de changement à signaler. Les pneus A (marques premiums) ont continué de dominer le marché, avec une part des ventes égale à 57,6 % en 2018. Soit une très légère baisse, causée par la poussée des marques B (seconde ligne des marques premiums). Une affaire « de pur marketing » d'après Régis Audugé, qui voit dans ces variations la volonté de mettre en avant un produit plutôt qu'un autre durant un certain temps. Les marques blanches ont quant à elles perdu un peu de terrain (12 % de parts de marché contre 12,4 % en 2017) tandis que la catégorie « autres » a progressé de plus d'un point, pour se fixer à 10,9 %.

Si changement il y a eu, ce serait plutôt au niveau de la répartition des ventes par canal de distribution : « Les *pure players* sont désormais vraiment là, notamment sur les pneus de tourisme » analyse encore M. Audugé. Sur le total du TC4, les *pure players* ont gagné 4,7 points de pénétration pour afficher, en 2018, une part de marché de 43 %. Au détriment des négociants spécialistes (29,4 % du marché, -3,9 points) et dans une moindre mesure des centres autos (27,6 % du marché, -0,4 point). Signe des temps, les négociants spécialistes ont perdu en un an 11,3 points de parts de marché auprès des seules camionnettes...

www.pro.largus.fr, février 2019

3 Retrouvez, d'après le DOC. 3, à quelle catégorie de pneus (premiums, marque B ou petit budget) correspondent les caractéristiqes et marques suivantes.

Caractéristiques	Marques	Catégorie de pneus
Pneus avec un excellent compromis qualité-prix. Ils assurent une grande sécurité, quel que soit le type de route emprunté. Ils sont une bonne alternative aux pneus premiums.	FALKER, FULDA, KUMHO TIRE, BFGoodrich, MARSHAL, FEDERAL, nokian TYRES, Firestone, GENERAL TIRE, NEXEN TIRE, COOPERTIRES, Kleber, MAXXIS, NANKANG	Marque B (quality)
Pneus conçus pour les conducteurs exigeants. Ils offrent, pour tout type de route et de trajet, sécurité, confort et contrôle total.	BRIDGESTONE, Hankook, Continental, PIRELLI, MICHELIN, DUNLOP, GOODYEAR	Premium
Ces pneus satisferont les conducteurs au budget restreint. Ils apportent une bonne sécurité et une longévité remarquable à leurs utilisateurs. Ils offrent une qualité de conduite très satisfaisante en utilisation standard, mais leur usage sportif ou dans des conditions difficiles reste limité.	KETER, HABILEAD, MAZZINI TYRES, Kinforest, POWERTRAC, RIKEN, ATTURO TIRES	Petit budget

4 Décrivez l'évolution du marché du pneu en 2018.

Le marché du pneu a baissé de -3,1 % en 2018, et plus particulièrement en novembre et en décembre.

Les baisses ont concerné les pneus destinés aux berlines (-3,3 %) et les pneus de camionnette (-5 %). À l'inverse, les ventes des pneus de 4 × 4 et SUV ont progressé de 5,4 %.

Les marques premiums dominent le marché encore en 2018, mais progressent plus lentement en laissant la place aux marques B (seconde ligne).

5 Identifiez les revendeurs de pneus pour l'entreprise Michelin selon leur part de marché.

- Bleu : Centres autos
- Orange : Négociants spécialistes
- Vert : Pure players

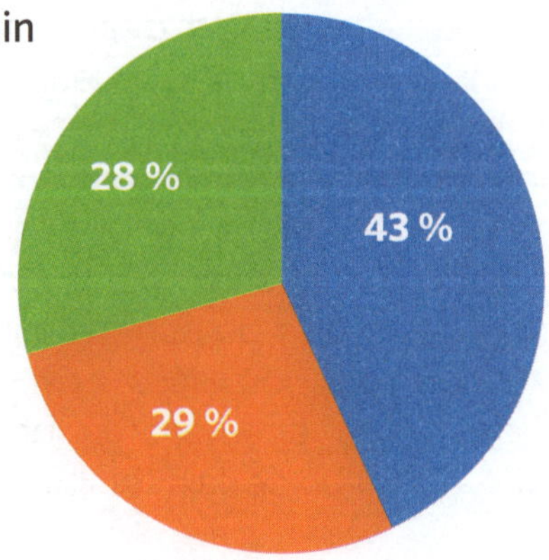

Les échanges entre les agents économiques

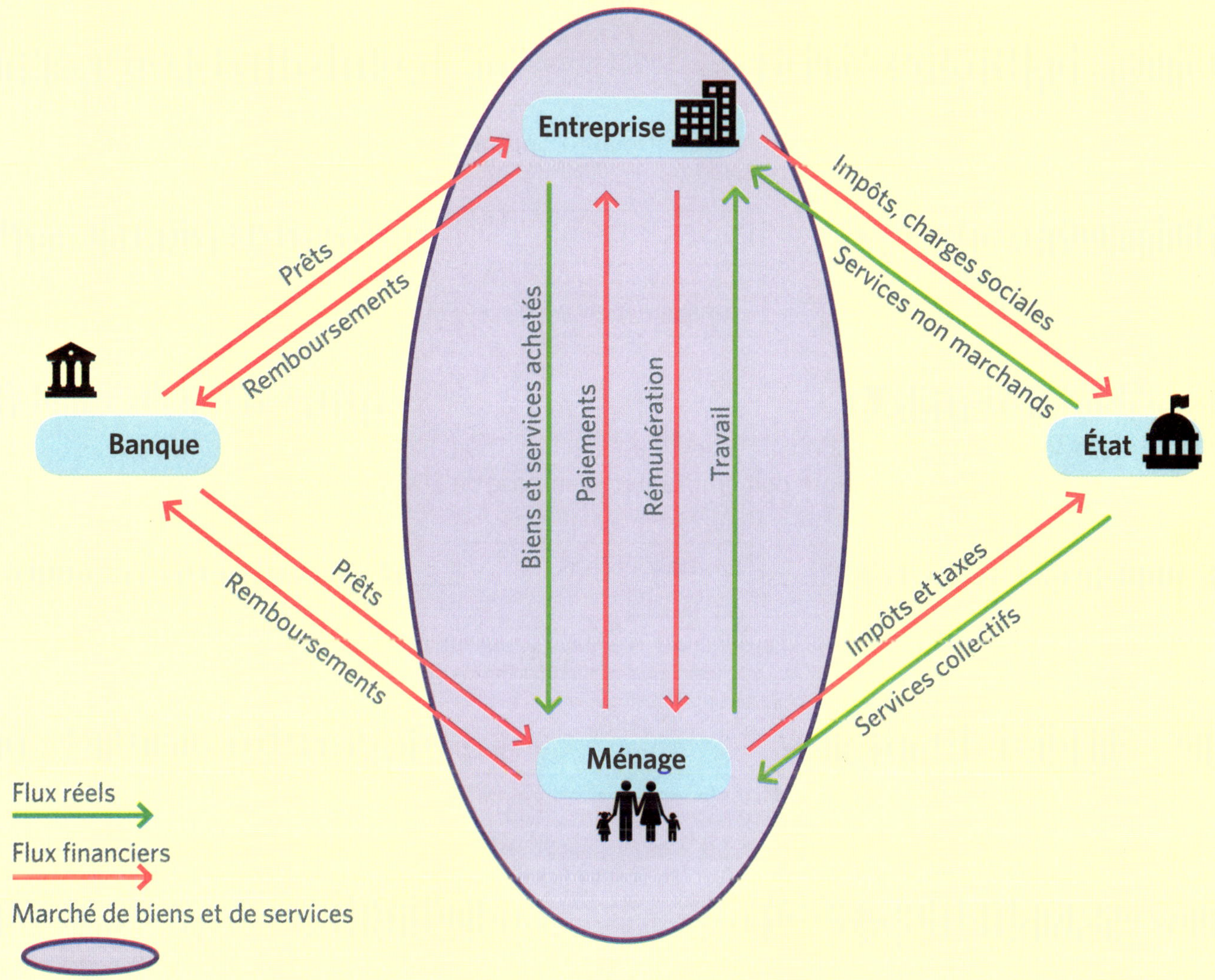

Je reformule

Présentez les flux qui existent entre les agents économiques.

Nos besoins peuvent être satisfaits par des biens et des services fabriqués par les entreprises. Quand un ménage achète un produit à une entreprise, il y a un flux réel (ex. : un paquet de gâteau) et un flux financier (ex. : paiement du paquet de gâteau).

Ces flux existent également entre les banques et les entreprises, entre l'État et les ménages et les entreprises et l'État.

Et vous ?

Quels sont les flux présents entre votre mairie et vous ?

À moi de jouer !

Je vérifie mes connaissances
Repérer les échanges réalisés entre les agents économiques
lienmini.fr/eg30670exo05

1 | Identifier les flux réels et financiers

Cas 1

Michelin livre 200 pneus à son revendeur Centre auto Coutras pour 10 000 €.

Agent économique : Michelin

Flux réel : 200 pneus →

← Flux financier : 10 000 €

Agent économique : Centre auto Coutras

Cas 2

Le garage Maslancienne'auto souhaite investir dans un nouveau hangar pour stocker les pneus qui seront vendus en ligne. La gérante doit emprunter la somme de 200 000 € à sa banque.

Agent économique : Banque

Flux financier : prêt →

← Flux financier : remboursement du prêt

Agent économique : Maslancienne'auto

Cas 3

La famille Bonpain achète *Le Guide Michelin* dans un magasin Cultura pour 14,95 €.

Agent économique : Cultura

Flux réel : *Guide Michelin* →

← Flux financier : 14,95 €

Agent économique : la famille Bonpain

2 | Exposé

Par groupe de deux ou trois élèves, préparez un exposé sur le marché du pneu. Afin de vous aider à présenter oralement votre travail :

» illustrez vos propos à l'aide d'un logiciel de présentation ;

» proposez au minimum quatre diapositives reprenant les points clés de votre exposé.

BILAN 2

Synthèse audio
Chapitre 2
lienmini.fr/eg30670synth02

Comment une entreprise interagit-elle avec son environnement ?

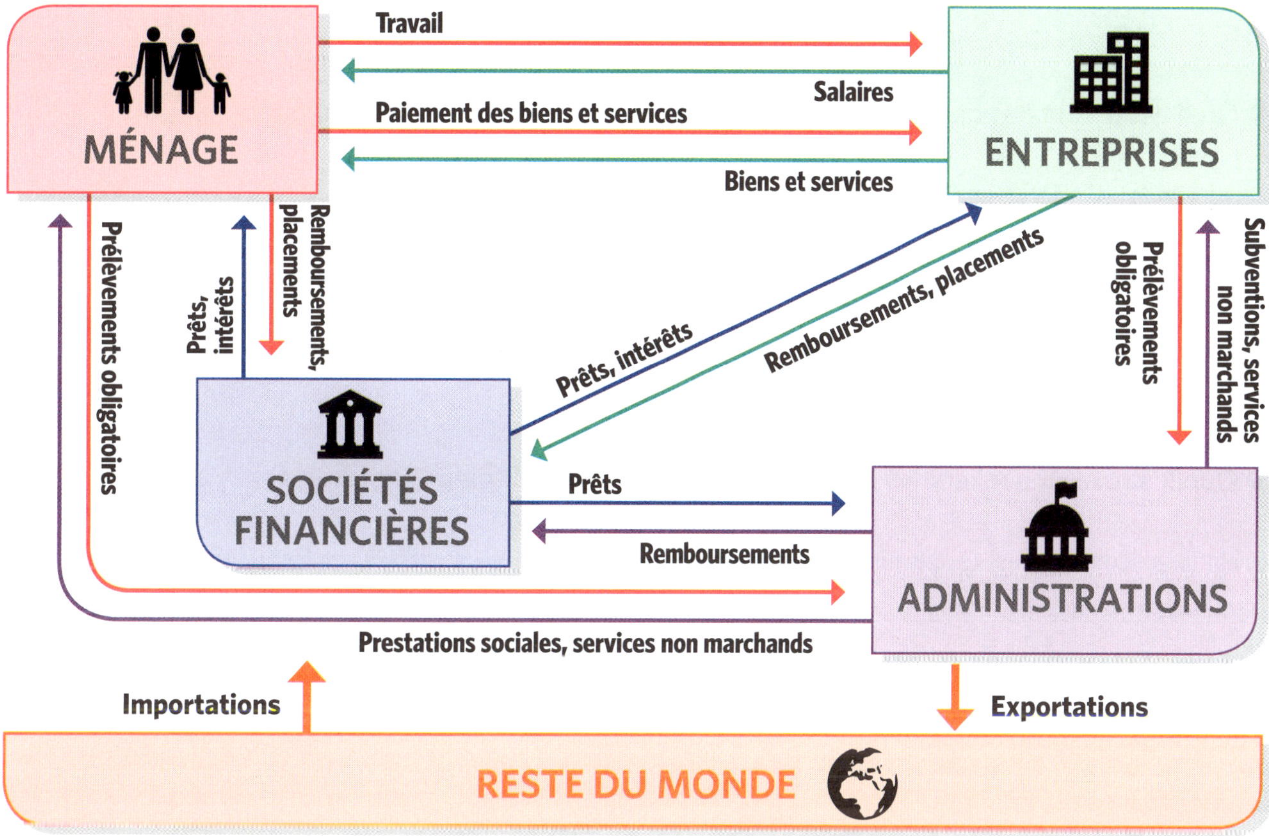

Je construis mon cours

Résumez les idées essentielles de chaque mission.

Mission 1 Identifier les différents agents économiques

Il existe cinq types d'agents économiques : les ménages, les entreprises, les banques, l'État et le reste du monde.

Mission 2 Repérer les échanges réalisés par une entreprise avec les autres agents économiques au sein d'un même marché

Nos besoins peuvent être satisfaits par des biens et des services qui sont fabriqués ou conçus par des entreprises. Quand nous (ménage) achetons des produits à une entreprise, il y a des flux réels (ex. : un paquet de gâteau) et des flux financiers (ex. : paiement du paquet de gâteau).

Ces flux existent également entre les banques et les entreprises, entre l'État et les ménages, et entre les entreprises et l'État.

Je réponds à d'autres problématiques

Répondez aux questions en utilisant obligatoirement les mots entre parenthèses.

1 Qu'est-ce que le circuit économique ? (agents économiques et flux)

Le circuit économique est une représentation du fonctionnement de l'économie via un schéma réunissant ses principaux agents économiques. On parle de « circuit », parce que le schéma indique les différents flux réels (de biens ou de services) et financiers (d'argent) existant entre les acteurs.

2 Quel est le rôle des banques dans le circuit économique ? (prêts et remboursements)

Les institutions financières sont les banques :
- leur fonction principale est de faire circuler la monnaie dans un pays ;
- leurs ressources principales sont l'épargne collectée et le remboursement des prêts octroyés ;
- leurs principales dépenses sont les crédits accordés sous forme de prêts.

3 Quelles relations relient les entreprises et les ménages ? (biens et services)

Les relations économiques les plus immédiates sont celles qui lient les entreprises et les ménages d'une part, et les entreprises entre elles d'autre part.
- Un grand nombre d'entreprises produisent des biens et des services de consommation à destination des ménages. Il s'établit donc un flux à double sens entre ces deux acteurs : un flux réel des entreprises vers les ménages (biens et services fournis par les entreprises) et un flux financier en sens inverse (dépenses des ménages qui constituent les recettes des entreprises, leur chiffre d'affaires).
- Cette rencontre entre l'offre des entreprises et la demande des ménages constitue le marché des biens et des services de consommation.

JE RÉPONDS À LA MISE EN SITUATION PROFESSIONNELLE DE DÉPART

Maintenant que vous avez analysé l'ensemble des documents, Mathilde Bucasan souhaite que vous répondiez à sa demande d'effectuer une analyse documentaire sur les relations entre tous les agents économiques de Michelin à Clermont-Ferrand et de synthétiser les informations sous la forme d'un « mémo ».

Dans ce mémo, vous devrez identifier :
- le(s) marché(s) sur lequel(s) se positionne(nt) Michelin ;
- les agents économiques ;
- les flux réels entre les agents économiques ;
- les flux financiers entre les agents économiques.

Vous pouvez utiliser une application numérique ou un logiciel de mise en forme.

Méthode 3 — Comprendre une consigne

Je comprends la méthode

Avec le chèque énergie, l'État accompagne les ménages à revenus modestes pour payer leurs dépenses d'énergies. Comment fonctionne-t-il ? Retrouvez les étapes du dispositif chèque énergie, notez-les sur votre copie et indiquez les dépenses qui peuvent être financées grâce à cette aide.

Source : www.chequeenergie.gouv.fr

DOC 1 Le chèque énergie : mode d'emploi

Étape 1 Comprendre l'énoncé et lire les consignes

- Lisez plusieurs fois l'énoncé.
- Retrouvez la partie de l'énoncé qui donne une information.

  Avec le chèque énergie, l'État accompagne les ménages à revenus modestes pour faire face à leurs dépenses d'énergies.
- Notez la partie de l'énoncé qui indique une question. Comment fonctionnent-ils ?
- Identifiez les consignes. Retrouvez les étapes du dispositif, notez-les sur votre copie et indiquez les dépenses qui peuvent être financées grâce à cette aide.

☐ J'ai validé l'étape 1

Étape 2 Repérer les verbes d'action

- Surlignez les verbes d'action dans les consignes.
- Indiquez le nombre de verbes d'action. Il y a 3 verbes d'action.

☐ J'ai validé l'étape 2

Étape 3 Associer verbe et activité correspondante

- Déterminez l'activité correspondante à chaque verbe d'action.

Verbe : Notez → Inscrire sur la copie

Verbe : Indiquez → Déterminer précisément

Verbe : Retrouvez → Identifier tous les éléments

☐ J'ai validé l'étape 3

Étape 4 Souligner les mots clés et les informations importantes

- Soulignez les actions qui vous sont demandées.

☐ J'ai validé l'étape 4

Étape 5 Rédiger la réponse

- Construisez une réponse au brouillon.
- Vérifiez que les consignes sont bien respectées : ☒ Oui les trois consignes sont bien respectées.
- Rédigez votre réponse au propre.

  La première étape est la réception du chèque pour les bénéficiaires, qui l'utilisent ensuite pour payer directement les fournisseurs d'énergie et de travaux de rénovation.

☐ J'ai validé la méthode

J'applique la méthode

DOC 2 Les inégalités professionnelles entre les femmes et les hommes

Les inégalités professionnelles entre les femmes et les hommes persistent sous de multiples formes : la concentration des femmes dans quelques filières professionnelles, les difficultés d'accès à l'emploi et aux postes à responsabilités, les écarts de rémunération toujours importants, la très forte proportion de femmes parmi les personnes à temps partiel, les obstacles rencontrés par les femmes qui créent leur entreprise ou encore les violences au travail. Ces inégalités font l'objet du Plan interministériel en faveur de l'égalité entre les femmes et les hommes (PIEP).

Source : www.essonne.gouv.fr

Identifiez les domaines où les inégalités professionnelles persistent. Retrouvez dans le document le dispositif mis en place par l'État pour promouvoir l'égalité professionnelle et son objectif. Ce principe s'inscrit-il dans la Constitution française ? Justifiez votre réponse.

Étape 1 Comprendre l'énoncé et lire les consignes

Étape 2 Repérer les verbes d'action

Étape 3 Associer verbe et activité correspondante

Étape 4 Souligner les mots clés et les informations importantes

Étape 5 Rédiger la réponse

L'État met en place un plan ministériel pour l'Égalité professionnelle entre les femmes et les hommes appelé le PIEP. L'objectif est de réduire les inégalités professionnelles entre hommes et femmes. Ce principe s'inscrit dans la constitution française car elle définit les droits et libertés des citoyens et l'égalité professionnelle en fait partie.

Les inégalités professionnelles entre les hommes et les femmes sont toujours d'actualité, notamment au niveau du salaire. Les femmes ont plus de mal à accéder à l'emploi, surtout pour les postes à responsabilités. Certaines filières professionnelles sont particulièrement concernées. Enfin, les femmes occupent plus souvent des postes à temps partiel, et ont des difficultés pour créer leur entreprise.

Méthode 4 — Comprendre et analyser une image

Je comprends la méthode

DOC 1 Sécurité économique - sécurité numérique

Les services de l'État sensibilisent les entreprises et les accompagnent vers une sécurité globale.

Source : Compte Twitter du préfet de la Mayenne, 28 mars 2018

Étape 1 Présenter l'image

- Surlignez sur le DOC. 1 le titre, la date de parution, le support de publication, l'auteur.
- Cochez la nature de l'image. ☐ Dessin ☐ Caricature ☐ Photo publicitaire ☐ Photo d'actualité ☒ Photographie documentaire ☐ Infographie
- Identifiez le sujet. Colloque autour de l'enjeu stratégique pour les entreprises de la sécurité numérique.
- Identifiez le public visé. Les entrepreneurs

☐ J'ai validé l'étape 1

Étape 2 Décrire l'image

- Repérez les éléments présents sur l'image. L'image représente un ordinateur à demi fermé et des données informatiques relatives à la programmation. Le texte précise le thème abordé : sécurité économique et numérique, dates et lieu du colloque.

☐ J'ai validé l'étape 2

Étape 3 Mettre l'image en contexte

- Déterminez et cochez le contexte de l'image (plusieurs possibilités).
  ☒ Économique ☒ Juridique ☐ Historique ☐ Politique ☐ Social ☐ Culturel ☐ Environnemental

☐ J'ai validé l'étape 3

Étape 4 Interpréter le sens de l'image

- Identifiez les agents économiques en relation dans cette image.

  L'État et les entreprises sont les agents économiques qui seront en relation lors de ce colloque.

- Caractérisez la forme de cette interaction.

  La préfecture de Mayenne (l'État) organise une conférence pour aider les entreprises à prévenir la cybercriminalité. Celle-ci engendre des risques économiques pour les entreprises (ex. : piratage de données, espionnage informatique).

☐ J'ai validé la méthode

J'applique la méthode

DOC 2 Des centaines de manifestations pour le climat à travers le monde

Des dizaines de milliers de personnes ont pris part à des événements ou des marches samedi dans de nombreuses villes du monde (ici Nantes) pour exiger des gouvernements qu'ils agissent sérieusement contre le dérèglement climatique.

© Sébastien Salom Gomis/AFP (Agence française de presse), 8 septembre 2018.

Étape 1 – Présenter l'image

Il s'agit d'une photo d'actualité dont le sujet est une manifestation pour le climat.

Étape 2 – Décrire l'image

Nous voyons des manifestants mobilisés afin de faire prendre conscience aux gouvernements que des mesures doivent être prises pour sauver la planète. C'est une image prise du ciel qui permet de lire les slogans des manifestants.

Étape 3 – Mettre l'image en contexte

Le thème en rapport avec l'image est l'avenir de la planète et la mobilisation citoyenne.

Le contexte de l'image est l'actualité, la politique et l'environnement.

Étape 4 – Interpréter le sens de l'image

Les manifestations permettent aux personnes de s'exprimer en fonction de leurs idées. Ici, l'objectif de cette manifestation est d'alerter les gouvernements sur l'état d'urgence de la planète. Il leur est demandé de mettre en place des mesures pour sauver les ressources futures. C'est un exemple de relation entre les agents économiques.

3 Comment les relations entre les agents économiques sont-elles formalisées ?

Capacités

- Identifier les éléments caractéristiques d'un contrat
- Repérer les droits et les obligations des parties au contrat
- Caractériser une inexécution contractuelle
- Reconnaître les conditions de la mise en œuvre de la responsabilité civile contractuelle

Notions abordées

- Contrat
- Obligations de moyen et de résultat
- Force obligatoire
- Principe de la liberté contractuelle
- Droits et obligations
- Responsabilité civile contractuelle
- Dommages-intérêts

Association Cheval Bleu
« **Remettre le pied à l'étrier de la vie** »
• Bourg, 64130 Lichos • 05 59 19 18 30
• Présidente : Amaya Neuhaus
• Directrice : Sylvie Paris

SITUATION PROFESSIONNELLE

Titulaire du bac pro ASSP, vous venez d'être recruté(e) en tant que maître ou maîtresse de maison à l'association Cheval Bleu dans les Pyrénées-Atlantiques. Cette association a pour objectif de favoriser et de promouvoir toutes les activités sociales, éducatives, sanitaires, culturelles, notamment à travers un accompagnement éducatif et pédagogique spécialisé visant au bien-être des enfants en difficulté.

Sylvie Paris, votre tutrice, est la directrice de l'association. Elle vous demande de réaliser une fiche de synthèse à l'intention de la nouvelle apprentie comptable, exposant les relations entre l'association Cheval Bleu et ses agents économiques partenaires.

VIDÉO

Présentation de l'association 5'59

lienmini.fr/eg30670cheval

Repérez les différents agents partenaires avec lesquels l'association est en relation.

Je découvre la question

Relation : au sens économique, rapports, liens qui existent entre deux personnes qui se rencontrent, deux choses, deux grandeurs, deux phénomènes.

Comment les relations entre les agents économiques sont-elles formalisées ?

Agent économique : personne physique ou morale, ou catégorie agrégée de personnes, à l'origine de décisions économiques telles que l'investissement, la production, la consommation, l'accumulation de capital, l'emprunt, etc.

Formaliser : écrire avec une clarté et une précision parfaites.

Reformulation de la problématique

Comment les différents partenaires économiques protègent-ils leurs liens ?

Et vous ?

Dans quelle mesure les relations que vous entretenez avec les personnes de votre entourage sont-elles formalisées ?

Mes missions

Mission 1 Identifier les éléments caractéristiques d'un contrat

Mission 2 Repérer les droits et les obligations des parties au contrat

Mission 3 Caractériser une inexécution contractuelle et reconnaître les conditions de la mise en œuvre de la responsabilité civile contractuelle

Mes missions

Mission 1 Identifier les éléments caractéristiques d'un contrat

Pour vous familiariser avec votre nouvel environnement de travail, Sylvie Paris vous demande de repérer et d'analyser les relations entre l'association Cheval Bleu et ses agents économiques partenaires.

ACTIVITÉ 1 Comment se formalisent les relations entre agents économiques ?

DÉFINITIONS

Contrat : acte de type privé qui lie juridiquement une partie à une autre.

Contracter : s'engager par contrat à satisfaire une obligation, à exécuter une prestation.

DOC 1 Les interactions formalisées entre l'association Cheval Bleu et les agents économiques

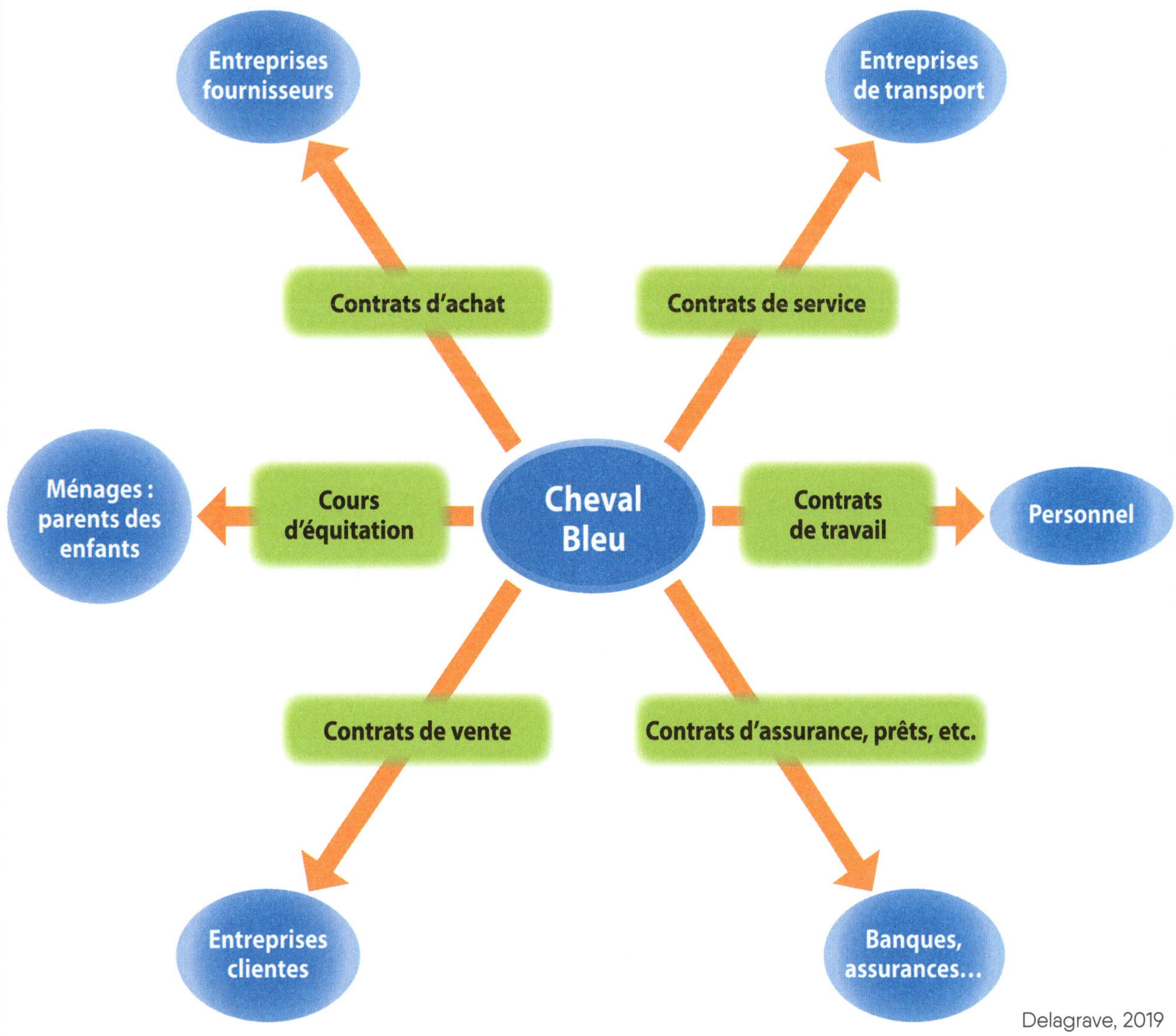

Delagrave, 2019

Mes missions

1 Reliez chaque type de contrat à son utilité.

- Contrat de travail
- Contrat de transport
- Contrat bancaire
- Contrat d'assurance
- Contrat de service
- Contrat de vente

- Oblige une partie à livrer une chose, et une autre à la payer.
- Force l'une des deux parties à recevoir le service et à le payer.
- Engage une partie à effectuer un travail pour une autre partie, moyennant une rémunération.
- Fournit une prestation lors de la survenance d'un événement incertain et aléatoire.
- Représente le droit du passager ou de l'expéditeur à bénéficier de la prestation.
- Inscrit les rentrées d'argent et les sorties d'argent du client.

2 Pour chaque type de contrat, proposez un exemple en rapport avec le contexte professionnel de l'association Cheval Bleu.

- Contrat d'achat : achat de 40 kg de foin pour les chevaux.
- Contrat de vente : vente de cours d'équitation.
- Contrat de service : location d'un bus pour une sortie avec les enfants de l'association.
- Contrat d'assurance : assurer tous risques le nouveau véhicule acheté par l'association.

3 Parmi les propositions suivantes, identifiez les types de contrats possibles dans l'association. Donnez la signification des sigles quand c'est nécessaire.

- [x] CDI contrat à durée indéterminée
- [ ] Bon de commande
- [ ] Facture du loyer mensuel
- [x] CDD contrat à durée déterminée
- [x] CTT contrat de travail temporaire
- [x] Contrat d'alternance
- [ ] Formulaire de demande de prêt bancaire
- [x] Contrat d'apprentissage

ACTIVITÉ 2 Quelles sont les conditions de validité à la formation d'un contrat ?

DOC 2 La formalisation des contrats entre agents économiques

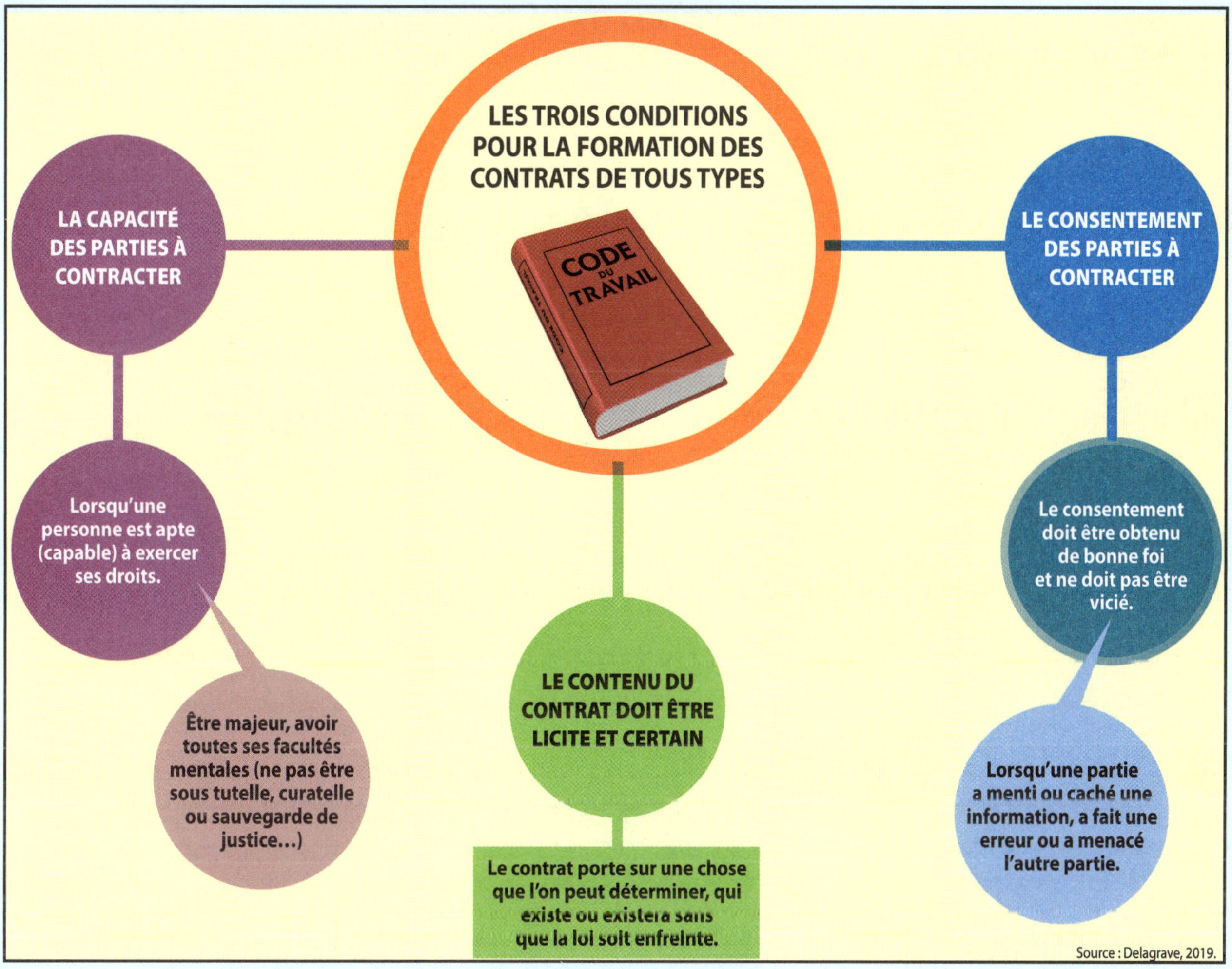

Source : Delagrave, 2019.

3 Expliquez la phrase suivante : « chacun est libre de contracter ou de ne pas contracter ».

Personne ne peut être forcé de signer un contrat. Chacun est autonome et indépendant dans le fait de signer ou de ne pas signer.

COMPRENDRE Les « **parties au contrat** » sont les personnes tenues par les termes dudit contrat. On parle aussi des parties signataires du contrat ou des parties contractantes. Exemple : Julien achète un lit médicalisé pour sa mère. Les parties au contrat sont Julien et l'entreprise qui vend le lit à Julien.

La « **liberté contractuelle** » : chaque partie au contrat est libre de contracter ou de ne pas contracter, et de choisir son cocontractant. Chaque partie se fonde sur le principe de droit de l'autonomie volontaire, autrement dit chaque partie est libre et volontaire.

4 Parmi les situations suivantes, la liberté contractuelle est-elle respectée ? Cochez la bonne case.

L'association refuse de vendre un des chevaux à son voisin qui souhaitait l'offrir à son fils.	☑ Oui	☐ Non
L'association vient de recruter un animateur de cirque.	☑ Oui	☐ Non
L'apprenti comptable a signé sans en avertir la directrice un contrat de réparation des locaux avec l'entreprise Tech Toit.	☐ Oui	☑ Non

5 Identifiez les parties au contrat pour chaque situation mentionnée ci-dessous.

Situation	Parties au contrat
Dans le cadre d'un événement festif, l'association Cheval Bleu commande à l'entreprise Festif Folie des marchandises : tables, décoration, podium…	L'association Cheval Bleu L'entreprise Festif Folie
Thomas, professionnel du cirque et animateur, est recruté à temps partiel par l'association pour encadrer les enfants et réaliser des spectacles.	Thomas L'association Cheval Bleu

6 Parmi les situations ci-dessous, surlignez celle(s) qui respecte(nt) le consentement à contracter.

✓ Lydia a forcé son ami à signer un contrat de location.

✓ Karim, 28 ans, ingénieur au Cheval Bleu, vient de signer de bonne foi un contrat d'achat pour une voiture neuve chez le concessionnaire de la ville.

✓ L'entreprise Voltour réclame à Julien, dont les papiers d'identité ont été volés, le paiement d'un voyage qu'il n'a pu effectuer.

7 Parmi les situations ci-dessous, surlignez celle(s) qui respecte(nt) la capacité à contracter.

✓ Thomas, 13 ans, a souscrit lui-même un abonnement téléphonique.

✓ Nadia, capable d'exercer ses droits et ses obligations, formatrice qui intervient bénévolement et occasionnellement à l'association, vient de contracter un prêt immobilier.

✓ Théo, étudiant, responsable, vient de signer un contrat pour installer une live-box à son appartement.

L'association Cheval Bleu décide de louer un gîte pour un séjour d'initiation. Sylvie Paris vous demander d'étudier le contrat.

DOC 3 Contrat de location

SSA chq 5401619 acompte de 168,00 €.

GITES DE FRANCE

CONTRAT DE LOCATION GITE DE GROUPE

CE DOCUMENT N'EST PAS UNE FACTURE

Cachet de l'Antenne Départementale

Madame, Monsieur,
Nous avons le plaisir de vous proposer la réservation d'un séjour dans notre gîte de groupe, dont vous trouverez la description complète sur la fiche jointe. Espérant que cette proposition retiendra votre attention, nous vous adressons nos sincères salutations.

Le Propriétaire ou gestionnaire.

Propriétaire ou gestionnaire :
LA FERME LANDRAN
GÎTE DE GROUPE
CHALETS - CAMPING
64130 ORDIARP
Tél.05 59 28 19 55

Hébergement n°532001 agréé par l'Antenne Départementale ou Interdépartementale situé sur la commune de Ordiarp

Animaux acceptés : ☒ OUI ☐ NON
Chèques-vacances acceptés : ☒ OUI ☐ NON
Chèques cadeaux Gîtes de France ☐ OUI ☐ NON

Classement : 3 épis

Gîte réservé pour : ☒ un séjour ☐ une étape

La fiche descriptive jointe au présent contrat précise l'ensemble des autres caractéristiques de l'hébergement.

Date du : 8 Septembre 2017 16 h au 11 Septembre 2017 avant 10 h

PRIX :

Prestations	Nombre de personnes	Groupe	Prix unitaire	Quantité	Prix
HEBERGEMENT à la nuitée (par personne/par groupe)					
-					
-	14		16 €	3	672 €
-					
-					
-					
-					
HERBERGEMENT Gîte en sa totalité					
RESTAURATION					
- Petit déjeuner					
- Demi-pension					
- Pension					
- Repas					
- Panier pique-nique					
AUTRES PRESTATIONS					
-					
-					
-					
TOTAL Euros					672 €

Client :
M., Mme, Mlle / Organisme Le Cheval Bleu
Adresse
Code postal 64130 Commune Lichos
Pays
E-mail :
Tél. :
Fax :

RESPONSABLE DU SEJOUR :
Nombre de personnes : ☐
dont ☐ adultes
☐ enfants de 2 à 12 ans inclus
☐ enfants de - de 2 ans
Les enfants de moins de 2 ans ne sont pas pris en compte pour la capacité

Taxe de séjour en sus : ☒ OUI ☐ NON
Caution ou dépôt de garantie : 500 €
Autres charges en sus :

OBSERVATIONS : La taxe de séjour est en supplément : 0,45 €/pers/nuit

CETTE RESERVATION PRENDRA EFFET si nous recevons à notre adresse avant le 30 Août 2017
↳ Un exemplaire du présent contrat daté et signé (le second exemplaire est à conserver par le client)
↳ Un acompte de 168 € Euros (représentant 25 % du prix) à régler par chèque bancaire ou postal payable ou compensable en France établi à l'ordre de : La Ferme Landran
Le solde d'un montant de 504 € Euros est à nous régler à l'arrivée dans le gîte.

Je soussigné M .... déclare être d'accord sur les termes du contrat, après avoir pris connaissance de la fiche descriptive jointe et des conditions générales figurant au verso du présent document.
En tant que responsable du groupe, la bonne exécution du présent contrat m'incombe.

A Ordiarp le 23 Août 2017
(Signature du propriétaire)
LA FERME LANDRAN
GÎTE DE GROUPE
CHALETS - CAMPING
64130 ORDIARP
Tél.05 59 28 19 55

A Lichos le 24/08/17
(Signature du client précédée de la mention manuscrite "lu et approuvé")
Lu et approuvé

☐ J'accepte de recevoir la newsletter et les offres du réseau Gîtes de France*
☐ J'accepte de recevoir les offres des partenaires Gîtes de France*

Chèque N° 5401619 Date : 25/08/2017
Ordre : Gîte de France Montant du chèque : 168,00 €
en règlement de : Acompte réservat° semaine du 08 au 11/09/2017

8 Analysez le DOC. 3 à l'aide du tableau ci-dessous.

De quel type de contrat s'agit-il ?	Identifiez les parties contractantes.	Le contrat est-il licite ? Justifiez votre réponse.
Il s'agit d'un contrat de service.	La ferme Landron et l'association Cheval Bleu.	Oui, le contrat est licite et légal. Les trois conditions à la formation du contrat sont réunies : consentement, capacité, contrat légal et licite.

9 Dans ce cas précis, les parties sont-elles consentantes ?

Oui, les parties sont consentantes car aucun élément ne prouve que l'une des deux parties ou les deux parties ont été forcées à contracter et à signer.

DOC 4 **Conversation entre Julien, agent de maintenance au Cheval bleu, et l'entreprise Ludikaverne**

10 Peut-on être forcé de signer un contrat ?

Non, nul ne peut être forcé de contracter.

11 Déterminez l'élément principal qui a permis à Julien de rompre le contrat.

Il s'agit de la capacité. En effet, sa mère est atteinte de la maladie d'Alzheimer, et donc n'a pas toutes ses facultés mentales pour contracter.

Je fais le point

Les éléments pour rendre un contrat valide

Le contrat : accord de volonté entre deux ou plusieurs personnes, destiné à créer, modifier, transmettre ou éteindre des obligations.

→ **La liberté contractuelle :** chacun est libre de contracter ou de ne pas contracter. Cette liberté est encadrée par certaines limites : mineur, incapacité...

Contrat de service, contrat de travail, contrat de vente, contrat d'assurance et bancaire...

Trois conditions pour qu'un contrat soit valide :

- La capacité à contracter
- Le consentement à contracter
- Le contenu doit être licite et certain

Je reformule

Présentez les éléments caractéristiques d'un contrat.

Pour qu'un contrat soit valide, trois conditions doivent être réunies :

– le consentement des parties, qui correspond à la volonté de signer librement ;

– la capacité de contracter, à savoir être apte à exercer ses droits et ses obligations ;

– enfin le contenu, qui doit être licite et certain.

Et vous ?

Interrogez le ou la gestionnaire de votre établissement. Comment les relations entre l'établissement et ses partenaires sont-elles formalisées ?

Avant toute chose, il conviendra d'envoyer un e-mail à votre chef d'établissement afin de prévoir et de formaliser votre future rencontre avec le ou la gestionnaire.

À moi de jouer !

Je vérifie mes connaissances
Identifier les éléments caractéristiques d'un contrat
lienmini.fr/eg30670exo06

1 | Identifier le bon contrat

Pour chaque situation ci-dessous, identifiez le type de contrat correspondant et déterminez si son contenu est licite ou non.

Situation	Type de contrat	Contenu licite ?
Louer un bus pour un voyage scolaire sans autorisation parentale	Contrat de service	Non
Acheter des fournitures scolaires	Contrat de vente	Oui
Recruter du personnel	Contrat de travail	Oui
Assurer tous risques le véhicule de l'entreprise	Contrat d'assurance	Oui

2 | Maîtriser le vocabulaire économique

Retrouvez les quatre notions abordées dans votre première mission et correspondant aux définitions ci-dessous.

C	O	N	T	R	A	T	P	H	E	I	L	E	H
C	A	P	A	C	I	T	E	S	A	O	X	U	S
U	F	M	G	E	C	H	Y	E	H	U	Z	N	V
I	P	W	J	P	Q	I	E	U	F	U	D	R	G
G	A	R	Z	T	U	J	E	B	U	A	A	C	T
E	Y	J	E	D	L	Z	G	K	W	Z	C	Y	V
C	O	N	S	E	N	T	E	M	E	N	T	O	B
R	O	D	C	L	I	B	E	R	T	E	I	O	T
P	W	U	U	T	Z	I	O	X	O	A	I	K	W
E	A	U	E	O	G	M	I	M	A	L	P	K	E
N	O	L	Y	V	Y	R	E	F	Z	S	E	J	O
A	W	A	F	O	G	E	Y	D	X	Y	J	D	E
T	P	X	L	C	E	K	U	O	N	U	A	V	E
O	H	I	U	H	I	L	Y	F	Y	Z	P	L	G

1. Aptitude à exercer ses droits et obligations.
2. Volonté d'établir un contrat de la part des deux parties.
3. Les parties sont libres de contracter ou de ne pas contracter.
4. Engagement de deux parties.

3 | Exposé

Par groupe de deux à quatre élèves, repérez une organisation (entreprise, association...) assez proche de votre lycée et imaginez une relation formalisée possible entre cette organisation et un autre agent économique partenaire. Présentez un exposé en identifiant les éléments caractéristiques du contrat.

Pour vous aider à préparer cet exposé, vous devez :

» utiliser l'outil informatique Google Maps ;

» cibler une organisation ;

» contacter éventuellement l'organisation afin de vous renseigner ;

» mettre en valeur votre travail grâce à des photos, images, schémas...

Vous pouvez utiliser le support de votre choix pour présenter votre travail (diaporama PowerPoint, affiches A3...).

Mes missions

Mission 2 Repérer les droits et les obligations des parties au contrat

Sylvie Paris souhaite maintenant vous sensibiliser aux droits et aux obligations des parties qui ont signé un contrat.

ACTIVITÉ 1 Quels sont les droits et les obligations des parties ?

DOC 1 Brochure d'information

LES OBLIGATIONS DES PARTIES SIGNATAIRES AU CONTRAT

CE QUE DIT LA LOI

- Soit une seule des parties a des obligations
- Soit chacune des parties a des obligations

N'oubliez-pas ! Dans l'obligation de résultat, le débiteur s'engage à atteindre un résultat.

Et dans l'obligation de moyen, le débiteur doit faire tout son possible pour accomplir sa mission.

Obligation de résultat

Je serai à l'heure pour le repas du cheval Pégas.

Soignons cette carie !

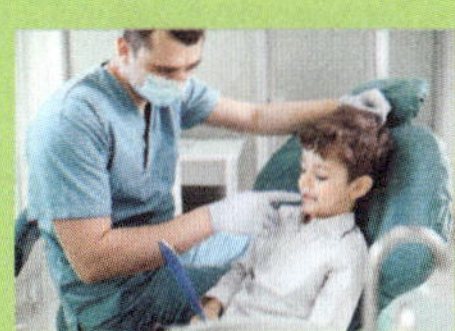

Obligation de moyen

Delagrave, 2019

COMPRENDRE Le **débiteur** est la personne qui doit quelque chose (argent, service…) à une autre personne.
Le **créancier** est la personne susceptible de recevoir ce quelque chose (argent, service…) en contrepartie.

1 À l'aide du DOC. 1, indiquez si l'association a un rôle de débiteur (D) ou de créancier (C).

Tous les jeudis, le livreur doit apporter la marchandise à l'association.	D
L'association doit recevoir ce vendredi l'aide financière qui lui est due de la région.	C
L'association doit régler la facture mensuelle de chauffage.	D
La commune doit couper l'arbre qui menace d'abîmer le toit de l'association.	C
La directrice a reçu la facture du boulanger.	D
Le lycée Champo a réparé le tracteur-tondeuse de l'association.	D
L'appel aux dons du site Internet a permis de récolter 4 000 € en faveur de l'association.	C

ACTIVITÉ 2 Comment identifier obligation de résultat et obligation de moyen ?

2 Pour chacune des trois situations mentionnées ci-dessous, précisez si la personne ou l'organisation en gras est soumise à une obligation de résultat ou à une obligation de moyen, puis justifiez votre réponse.

Situation	Obligation de résultat	Obligation de moyen
1. Gratien, chef cuisinier de l'association Cheval Bleu, doit préparer les plats pour les enfants. Qu'en est-il de Gratien ?	✔	
Justification : Le chef cuisinier a l'obligation de prêter attention à l'hygiène (durant toutes les étapes de préparation), à l'origine et au maintien des aliments à bonne température, dont le but principal est la non-intoxication alimentaire des enfants.		
2. Lors d'une balade à cheval, un enfant s'est blessé. Le **médecin** arrive. Qu'en est-il du médecin ?		✔
Justification : Le médecin a l'obligation de le soigner, mais pas de le guérir.		
3. L'**association Cheval Bleu** a l'obligation de payer la facture (foin acheté pour les chevaux). Qu'en est-il de l'association ?	✔	
Justification : L'association a l'obligation d'accomplir sa mission, à savoir d'honorer sa dette convenue.		

ACTIVITÉ 3 En quoi consiste la force obligatoire?

COMPRENDRE Quand un contrat est signé, chacune des parties est engagée à exécuter ce qui est exposé dans le contrat. La **force obligatoire** contraint les parties à respecter leurs engagements. Aucune des parties ne peut se rétracter.

VIDÉO
Obligation de moyen et obligation de résultat 1'07
lienmini.fr/eg30670obligation

3 Pour chaque cas cité ci-dessous, déterminez les engagements de chaque partie.

	Engagement de l'association	Engagement de la deuxième partie
Le vétérinaire soigne les chevaux en contrepartie d'une rémunération.	Est contrainte de payer le vétérinaire.	Est contrainte de soigner les chevaux.
L'association signe un contrat de location d'une maison de vacances dans le sud de l'Espagne pour accompagner certains enfants en vacances.	Est contrainte de payer le montant exact dans la monnaie et les délais convenus... *Accepter tout autre élément pertinent.*	Met à disposition le bien conformément à ce qui a été écrit dans le contrat.

Je fais le point

Les droits et les obligations

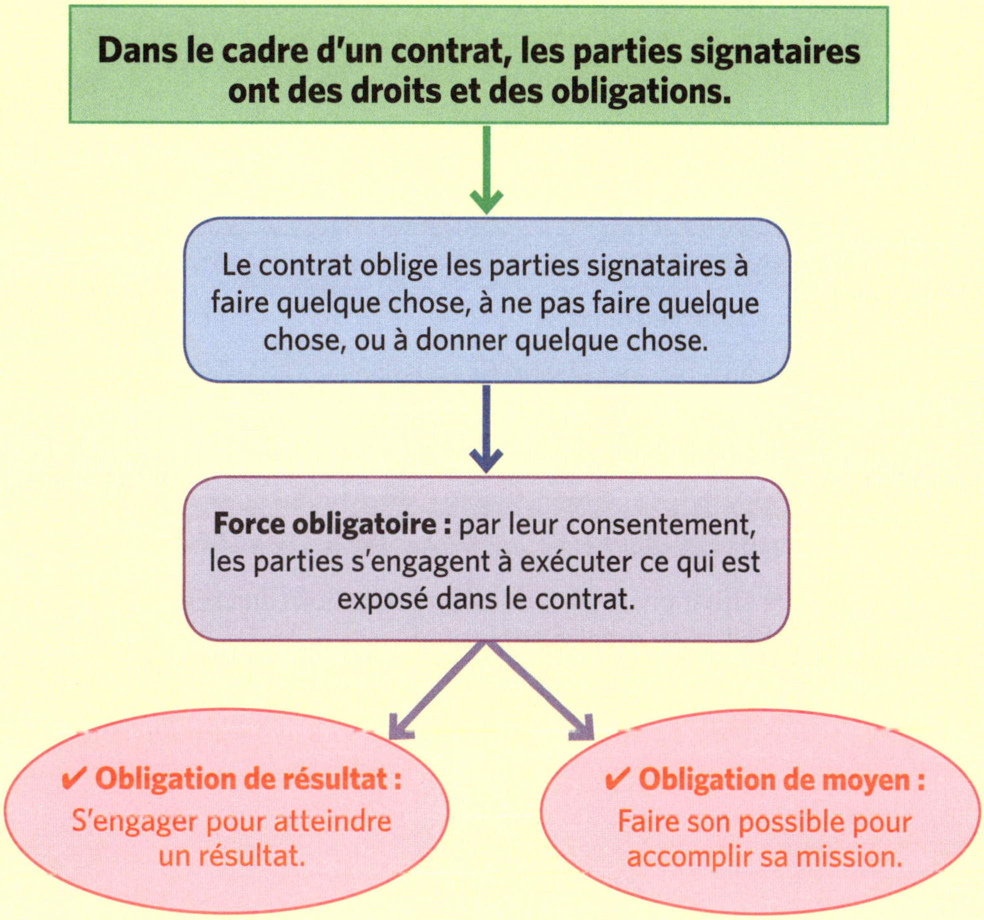

Je reformule

Décrivez les obligations des parties aux contrats.

Le contrat oblige l'une des deux parties ou les deux parties à avoir des obligations d'ordre financier ou autres. Dans le cadre de la formalisation d'une relation contractuelle, il y a un débiteur et un créancier. Soit le débiteur s'engage à honorer sa dette (financière, service...) : dans ce cas, il s'agit d'une obligation de résultat. Soit il fait son possible pour accomplir sa mission : il s'agit dans ce cas d'une obligation de moyen.

Et vous ?

Dans le cadre du règlement intérieur de votre établissement scolaire, quelles sont vos obligations ? Expliquez leur bien-fondé.

À moi de jouer !

Je vérifie mes connaissances
Repérer les droits et les obligations des parties au contrat
lienmini.fr/eg30670exo07

1 | Maîtriser le vocabulaire des contrats

À quelle notion de la mission correspond chacune des phrases ci-dessous ?

	Notion
Chacune des parties a des obligations.	Force obligatoire
Chaque partie doit faire, ne pas faire ou donner quelque chose.	Obligation
Le débiteur s'engage à atteindre un résultat.	Obligation de moyen
Doit quelque chose à une autre personne.	Débiteur
Le débiteur doit faire son possible pour atteindre sa mission.	Obligation de moyen
À qui une personne doit quelque chose.	Créancier

2 | Distinguer obligations de moyen et de résultat, et débiteur et créancier

Identifiez, pour chaque situation, le nom du débiteur, le nom du créancier, s'il s'agit d'une obligation de moyen ou de résultat, et précisez pourquoi.

Situation	Débiteur	Créancier	Obligation
Kamel estime avoir perdu son procès du fait de la mauvaise défense de l'avocate maître Jocelyn.	Maitre Jocelyn	Kamel	☐ Obligation de résultat ☑ Obligation de moyen Pourquoi ? Maître Jocelyn doit faire son possible pour défendre Kamel mais elle n'est pas obligée de « remporter » le procès.
Le panier gourmand de Mireille n'a pas été livré par Rapid 33 pour la fête des Mères.	Mireille	Rapid 33	☑ Obligation de résultat ☐ Obligation de moyen Pourquoi ? Rapid 33 s'engage à fournir la livraison.
Lucas doit rembourser à son ami Julien la somme de 5 000 €.	Lucas	Julien	☐ Obligation de résultat ☑ Obligation de moyen Pourquoi ? Lucas doit tout faire pour rembourser sa dette mais sans garantie totale.

3 | Mise en scène

Imaginez deux situations de votre futur contexte professionnel mettant en scène une obligation de résultat et une obligation de moyen.

Obligation de résultat	Obligation de moyen
L'association accompagne certains enfants chez le médecin référent pour mettre à jour les vaccins.	La boulangerie du quartier fournit les gâteaux pour la fête de fin d'année.

Mes missions

Mission 3 Caractériser une inexécution contractuelle et reconnaître les conditions de la mise en œuvre de la responsabilité civile contractuelle

Sylvie Paris souhaite maintenant vous familiariser avec les éventuels désaccords dans le cadre de la formation d'un contrat.

ACTIVITÉ 1 Quels sont les motifs de rupture d'un contrat ?

DOC 1 Conversation entre Julien, l'agent de maintenance de l'association, et sa sœur Nadia

- C'est bon Nadia, j'ai tout arrangé pour maman. Je me suis rendu chez Ludikaverne. Le contrat est annulé.

- Comment as-tu fait ?

- J'ai rendu visite à notre avocat avant. Il m'a expliqué que nous étions en droit de demander l'annulation du contrat. Savais-tu qu'il y a plusieurs motifs pour annuler un contrat ?

- Non, peux-tu détailler un peu ?

- Un contrat peut être annulé dans les cas suivants : être mineur, ne pas être titulaire de ses droits et ne pas être en mesure de les exercer, être forcé de contracter.

- Donc, comme maman est atteinte d'une maladie neurodégénérative, elle n'est pas titulaire de ses droits et ne peut donc pas les exercer. C'est bien ça ?

- C'est tout à fait ça ! En revanche pour mettre fin à un contrat, il y a deux solutions : la résolution ou la résiliation du contrat.

- Il faudra que tu m'expliques encore ce point…

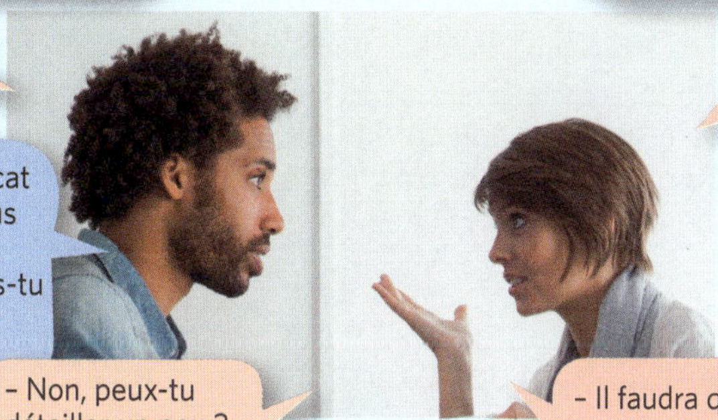

COMPRENDRE Pour rompre un contrat, deux solutions sont possibles :

1) La résolution
La résolution remet les parties dans l'état antérieur au contrat afin que celui-ci soit considéré comme n'ayant jamais existé.

2) La résiliation
Le créancier peut résoudre le contrat par notification au débiteur après l'avoir mis en demeure. La résiliation met un terme aux effets du contrat pour l'avenir (il n'y a pas d'effet rétroactif).

Pour une obligation de moyen, ce sera au créancier de prouver que le débiteur a commis une faute.
À l'inverse, pour une obligation de résultat, la charge de la preuve incombe au débiteur de l'obligation qui n'a pas réussi à tenir sa promesse.

1 Déterminez les motifs de rupture de contrat précisés par Julien.

Ne pas posséder ses capacités mentales, ne pas pouvoir exercer ses droits, être mineur, être forcé de contracter (pression, violence, vol, vice…).

2 Connaissez-vous d'autres motifs pour rompre un contrat ?

Délai de rétractation pour tout contrat de vente signé 15 jours avant, après démarchage à domicile ou par Internet.

DÉFINITION

Responsabilité civile : obligation de réparer les dommages corporels et matériels causés à autrui.

3 Pour le cas ci-dessous, indiquez le motif de rupture et choisissez entre la résolution et la résiliation.

Madame, Votre entreprise devait me livrer il y a maintenant 2 semaines des poulets fermiers pour l'association Cheval Bleu. Votre secrétaire m'a informé par téléphone que vous êtes en rupture de stock alors que nous les avions payés comptant. Dans de telles conditions, notre contrat est rompu et je vous serai reconnaissante de procéder à notre remboursement intégral dès réception de ce courrier.
Motif de rupture possible : Manquement à une obligation du contrat : livrer la marchandise en échange du paiement.
☑ Résolution ☐ Résiliation

ACTIVITÉ 2 Quelle est la responsabilité et à qui incombe la faute ?

DOC 2 Registre des incidents au Cheval Bleu

1	03/03/2019	Marina s'est cassé le bras en tombant de cheval : Laurie, la monitrice, avait mal mis la selle.
2	05/04/2019	Poussée fortement par son camarade, Ouahiba est tombée pendant la sortie pédagogique, sa montre a été cassée.

4 Reportez dans le tableau ci-dessous le nom des contractants et les éléments de la responsabilité contractuelle concernant les incidents survenus au Cheval Bleu (à l'aide du DOC. 2).

	Faute ou cause ?	Débiteur	Créancier	Dommage subi	Lien de causalité et de responsabilité
1	Cause	Laurie	Assurance de Marina	Bras cassé	L'accident de Marina provient de la selle mal fixée.
2	Faute	Assurance du camarade	Assurance de Ouahiba	La montre de Ouahiba est cassée.	La chute de Ouahiba a provoqué la casse de la montre.

COMPRENDRE

Préjudice physique Atteinte à la santé ou à l'intégrité physique ou mentale d'une personne.
Préjudice matériel Atteinte aux biens d'une personne.
Préjudice moral Atteinte au bien-être affectif, à l'honneur ou à la réputation.

5 Reliez chaque situation au type de préjudice qui lui correspond.

- Marina est tombée du cheval, elle a un bras cassé. ◯
- La mère de Hakim est décédée. ◯
- La voiture de Sylvie a été rayée sur le parking du centre. ◯
- Les enfants ont cassé le vidéoprojecteur de la salle TV. ◯
- Thierry affirme que son collègue est homosexuel sur les réseaux sociaux. ◯
- Ouahiba a ingurgité de l'eau de Javel lors du nettoyage de la cuisine. ◯

- ◯ Préjudice moral
- ◯ Préjudice matériel
- ◯ Préjudice physique

L'inexécution contractuelle

Résolution	Fin du contrat où chaque partie s'engage à reprendre son dû ou à trouver un compromis à l'amiable.
Résiliation	Action de mettre un terme définitif au contrat.
Dommage	Compensation financière à laquelle peut prétendre une personne qui a subi un préjudice moral ou une atteinte dans son patrimoine, ou les deux la fois.
Créancier	Personne possédant une créance (de l'argent) sur une personne ou une organisation.
Débiteur	Personne qui doit de l'argent à une autre personne (elle a donc une dette).

Je reformule

Expliquez la différence entre la résolution et la résiliation d'un contrat.

La résiliation est le moyen le plus courant et le plus simple de mettre fin au contrat. On met fin à un contrat qui a produit des effets, soit pour convenance personnelle, soit parce que l'un des contractants a manqué à l'une de ses obligations.

La résolution met fin au contrat sans que le contrat ait produit ses effets, parce que l'un des contractants n'a pas rempli l'une des obligations principales.

Et vous ?

Interrogez votre famille et ou vos connaissances sur les ruptures de contrat qu'ils ont vécues. Décrivez ensuite les différents motifs de rupture de contrat possibles.

À moi de jouer !

Je vérifie mes connaissances
Repérer les sanctions de l'inexécution
lienmini.fr/eg30670exo08

1 | Maîtriser le vocabulaire économique

Complétez la grille ci-contre à l'aide des définitions fournies.

1. Se séparer de quelque chose
2. Annule le contrat. Les parties restituent ce qu'elles ont reçu.
3. Action de rompre le contrat et supprimer ses effets pour l'avenir.
4. Mon appartement a été vandalisé
5. La victime a eu gain de cause au tribunal de Bordeaux et reçu une somme d'argent.

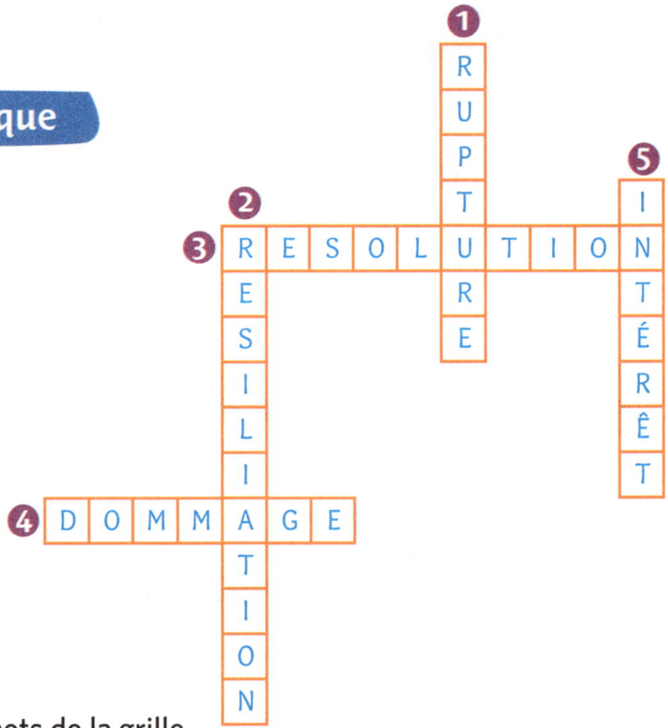

2 | Imaginer une histoire

Construisez une mini-histoire en utilisant les mots de la grille ci-dessus et les termes proposés ci-après : *Isadora et Tyrion – SFR – Iphone – assurance.*

....

....

....

3 | Distinguer résolution et résiliation

Pour chaque situation, précisez s'il s'agit d'une résolution ou d'une résiliation, et indiquez qui est responsable vis-à-vis de la clientèle.

Situation	Résolution	Résiliation	La responsabilité vis-à-vis de la clientèle
Dès la réception de son colis, Séval retourne au magasin car sa veste commandée en ligne est trop grande.	x		Séval
Madger a stoppé les paiements de son abonnement téléphonique et envoyé un courrier à son ancien opérateur pour lui signifier son envie de changer.		x	Madger
La demande de crédit de Sarah pour l'achat du terrain à Mérignac n'est pas accordée. Elle annule le contrat de réservation du terrain auprès de la mairie.		x	La banque
La prime d'assurance n'étant pas versée, 30 jours après l'envoi de la mise en demeure l'assureur MMA a suspendu le contrat 10 jours, puis y a mis fin.		x	Le client
Anita a présenté sa démission à la clinique pour créer sa propre entreprise de soins à domicile.		x	Anita
Raphaël n'a pas reçu le nouveau congélateur pour sa cuisine, il annule le contrat de vente auprès du magasin.		x	Fournisseur
Thomas ne supporte plus son employeur, il décide de démissionner.		x	Thomas
Quentin souhaite se faire rembourser son ordinateur auprès de la Fnac car il ne s'allume plus.	x		Fnac

BILAN 3

Synthèse audio
Chapitre 3
lienmini.fr/eg30670synth03

Comment une entreprise interagit-elle avec son environnement ?

Liberté contractuelle

Rupture d'un contrat : résiliation ou résolution

Responsabilité civile

Dommage

Contrat : convention par laquelle une ou plusieurs personnes s'engagent ou s'obligent envers d'autres.

Exemples : contrat de vente, contrat de service, contrat de travail, contrat d'assurance, contrat bancaire…

1. Le consentement à contracter : les parties sont libres et volontairement contractantes.

2. La capacité à contracter : posséder ses facultés et exercer ses droits.

3. Le contenu : il doit être licite et certain.

Obligation de résultat : s'engager pour atteindre le résultat.

Obligation de moyen : faire son possible pour accomplir sa mission.

Je construis mon cours

Résumez les idées essentielles de chaque mission.

Mission 1 Identifier les éléments caractéristiques d'un contrat

Les relations entre les agents économiques se formalisent sous forme de contrat (contrat de vente, règlement intérieur, contrat de travail, contrat d'assurance...). Pour qu'un contrat soit valable, trois conditions doivent être réunies : le consentement, la capacité, et le contenu qui doit être licite et certain. Par ailleurs chaque personne est libre de contracter ou non.

Mission 2 Repérer les droits et les obligations des parties au contrat

Le contrat oblige les parties prenantes à faire ou à ne pas faire quelque chose. Pour honorer un contrat, il existe des obligations de moyen et de résultat. Chaque partie est tenue par des engagements, exposés dans le contrat. Il s'agit de la force obligatoire.Ces flux existent également entre les banques et les entreprises, entre l'État et les ménages, et entre les entreprises et l'État.

Mission 3 Caractériser l'inexécution contractuelle et reconnaître les conditions de la mise en œuvre de la responsabilité civile contractuelle

Un contrat peut se résilier ou se résoudre selon différentes modalités par les parties contractantes. Dans le cas où les deux parties ne trouvent pas d'accord, il y a peut-être un dommage préjudiciable entre le créancier et le débiteur.

Je réponds à d'autres problématiques

Répondez aux questions, en utilisant obligatoirement les mots entre parenthèses.

1 Quelles sont les trois conditions de validité à la formation d'un contrat ? (consentement, licite)

Les trois conditions pour qu'un contrat soit valide sont le consentement, la capacité et le contenu du contrat qui doit être licite et certain.

2 Quelle est la distinction entre les droits et les obligations des parties au contrat ? (obligation de résultat et obligation de moyen)

La différence réside dans l'obligation de moyen et l'obligation de résultat. Le résultat de l'obligation est l'atteinte du résultat tandis que l'obligation de moyen consiste faire son possible pour accomplir sa mission.

3 En quoi consiste la responsabilité civile ? (résolution, résiliation, faute, débiteur, créancier)

Toute personne peut causer involontairement un dommage à autrui. La responsabilité civile, définie par la loi, implique l'obligation de réparer le dommage causé. Entre deux parties il est possible de faire appel à la résolution pour réparer une faute entre le débiteur et le créancier. S'il n'y a pas d'accord possible, l'une des deux parties prenantes devra faire appel à la résiliation.

JE RÉPONDS À LA MISE EN SITUATION PROFESSIONNELLE DE DÉPART

Maintenant que vous avez étudié la formalisation des contrats, Sylvie Paris souhaite que vous répondiez à sa demande : rédiger une fiche de synthèse à l'intention de la nouvelle apprentie comptable, exposant les relations entre l'association Cheval Bleu et ses agents économiques partenaires.

Dans cette fiche de synthèse, vous devrez :
- présenter l'association dans son environnement ;
- expliquer la formation d'un contrat, les obligations des contractants et l'inexécution des obligations.

Vous pouvez utiliser une application numérique ou un logiciel de mise en forme afin de réaliser votre fiche de synthèse.

Méthode 5 — Effectuer une recherche documentaire

Je comprends la méthode

Consignes de travail
Vous devez construire un tableau sur poste informatique présentant les 3 missions de la Direction générale de la concurrence, de la consommation et de la répression des fraudes (DGCCRF). Pour cela, vous devez réaliser une recherche sur Internet. Les documents de référence doivent avoir été publiés au maximum depuis cinq ans.

Étape 1 Effectuer une recherche de base

- Utilisez un moteur de recherche et entrez votre recherche. *(Missions DGCCRF)*
- Notez le moteur de recherche utilisé. *Ici, Google mais accepter toute réponse cohérente*
- Précisez le nombre de résultats proposés par le moteur de recherche. 102 000 résultats

☐ J'ai validé l'**étape 1**

Étape 2 Affiner la recherche

- Précisez le pays et paramétrez la date de publication dans le moteur de recherche.
  - Lieu : France
  - Date ultime de publication : moins de cinq ans
- Cochez les opérateurs de recherche que vous pouvez utiliser pour réaliser une recherche avancée
  ☐ Les guillemets ☐ Et ☐ Les jockers ☐ Ou ☐ Sauf *(accepter toute réponse cohérente)*

☐ J'ai validé l'**étape 2**

Étape 3 Valider l'information

- Vérifiez la source du premier site proposé par le moteur de recherche. *(ici www.economie.gouv.fr/dgccrf/dgccrf)*
  - Indiquez l'auteur : le ministère de l'Économie
  - Précisez l'objectif du site : donner des informations
  - Cochez le type du site : ☒ Site Internet ☐ Blog ☐ Wiki ☐ Plateforme collaborative ☐ Autre
  - Recherchez si le site est mis à jour régulièrement : ☒ Oui ☐ Non
  - Indiquez si l'information est : ☐ Économique ☒ Juridique
- Cochez si l'information que vous recherchez est présente sur le site.
  ☐ Oui, je passe à l'étape suivante ☐ Non, je relance une recherche *Réponse en fonction de l'élève*

☐ J'ai validé l'**étape 3**

Étape 4 Utiliser les informations pour produire une réponse appropriée

- Construisez un tableau du type : Les missions de la DGCCRF

La régulation concurrentielle des marchés	La protection économique des consommateurs	La sécurité des consommateurs

- Complétez le tableau avec le fruit de votre recherche sur Internet.
- Veillez à respecter le droit d'auteur :
  - Citez votre source : www.economie.gouv.fr/dgccrf
  - Précisez son auteur : non précisé

☐ J'ai validé la **méthode**

J'applique la méthode

Consignes de travail

Vous devez réaliser une carte mentale sur poste informatique présentant la Garantie jeunes. Pour cela, vous devez réaliser une recherche sur Internet. Les documents de référence doivent avoir été publiés au maximum depuis cinq ans.

Étape 1 – Effectuer une recherche de base

Recherche = garantie jeunes

Nombre de résultats proposés par le moteur de recherche : 41 500 000 résultats

Étape 2 – Affiner la recherche

Préciser le pays dans le moteur de recherche et paramétrer la date de publication :

– lieu : France ;

– date ultime de publication : moins de cinq ans.

Étape 3 – Valider l'information

✔ Source du site proposé par le moteur de recherche (ici https://travail-emploi.gouv.fr)

– Objectif du site : informations et données sur le monde du travail

– Type du site : site Internet

– Site est mis à jour régulièrement : oui

– Information économique

Étape 4 – Utiliser les informations pour produire une réponse appropriée

Carte mentale du type : les spécificités de la Garantie jeunes.

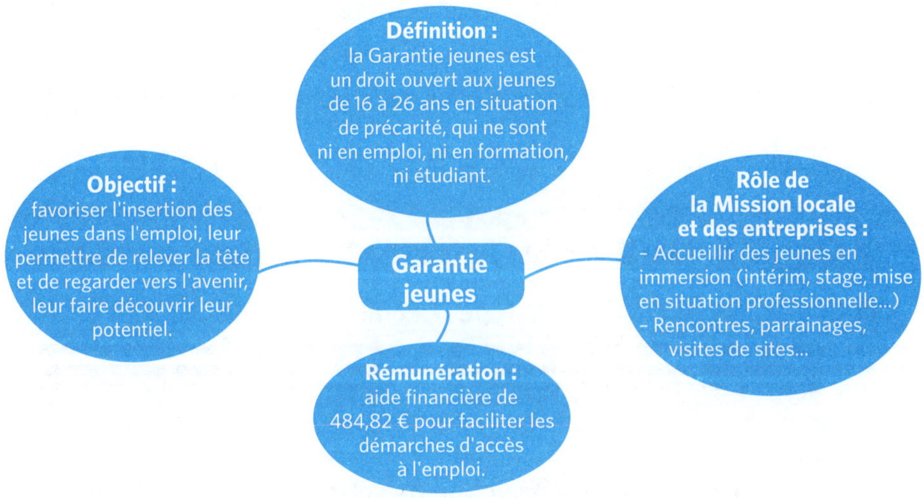

– Source : www.travail.gouv.fr

– Auteur : non précisé

Méthode Résumer un texte 6

Je comprends la méthode

DOC 1 Qu'est-ce que l'action de groupe ?

Définition	L'action de groupe, ~~introduite en France par la loi n° 2014-344 du 17 mars 2014 relative à la consommation (article 1)~~, est une procédure de poursuite collective qui permet à des consommateurs, victimes d'un même préjudice de la part d'un professionnel, de se regrouper et d'agir en justice.
Objectifs	Les plaignants peuvent ainsi se défendre avec un seul dossier et un seul avocat. En vigueur depuis le 1er octobre 2014, cette nouvelle procédure en justice vise à rééquilibrer le rapport de force entre consommateurs et professionnels.
Les conditions et modalités d'exercice	**Le fonctionnement de l'action de groupe** ~~L'action de groupe est codifiée aux articles L623-1 et suivants du code de la consommation.~~ Ses conditions et modalités d'exercice ~~sont fixées dans le décret n° 2014-1081 du 24 septembre 2014 et commentées par la circulaire du 26 septembre 2014 du ministère de la justice~~ : • une action de groupe peut être lancée si au moins deux consommateurs estiment avoir subi un préjudice résultant du même manquement d'un professionnel ; • l'action doit être introduite en justice par une association agréée ; • il n'est possible de lancer une action de groupe que pour réparer un préjudice matériel, exclusivement pour des litiges relevant de la consommation ou de la concurrence.
L'action de groupe en matière de santé	Par ailleurs, ~~l'article 184 de~~ la loi ~~n° 2016-41~~ du 26 janvier 2016 de modernisation de notre système de santé introduit une action de groupe en matière de santé. ~~Ses modalités de mise en œuvre sont précisées par le décret n° 2016-1249 du 26 septembre 2016 : conditions d'assistance et de médiation, règles spécifiques de procédure, etc.~~

Cedef, Centre de documentation Économie-Finances, www.economie.gouv.fr/cedef/action-de-groupe, modifié le 11 octobre 2018

Étape 1 Comprendre et analyser le texte

- Lisez le texte une première fois et surlignez le titre, la source et la date.
- Cochez la réponse la plus appropriée au thème général du texte :

☐ Les mesures pour protéger les groupes en action ☒ Le fonctionnement de l'action de groupe

☐ J'ai validé l'étape 1

Étape 2 Rassembler les informations

- Retrouvez et notez les structures du texte dans la colonne de gauche : les conditions et modalités d'exercice - définition - objectifs - l'action de groupe en matière de santé.
- ~~Rayez~~ les références juridiques peu importantes pour ne garder que l'essentiel.

☐ J'ai validé l'étape 2

Étape 3 Rédiger le résumé

- Rédigez une courte introduction pour annoncer l'idée principale. *Dorénavant, les consommateurs ont la possibilité de se regrouper pour agir en justice face à un professionnel. C'est le principe de l'action de groupe (accepter toute réponse cohérente).*
- Construisez le résumé, sans paraphraser le texte, sur poste informatique. Vous pouvez utiliser la technique de questionnement : qui, quand, comment, pourquoi ?
- Cochez la conclusion qui vous semble la plus proche de ce résumé de texte.
  - ☐ L'action de groupe modernise la justice.
  - ☒ L'action de groupe favorise la protection du consommateur.
- Relisez votre texte pour corriger les fautes d'orthographe.

☐ J'ai validé la méthode

J'applique la méthode

DOC 2 Qui doit indemniser la victime d'un dommage ?

Définitions

L'auteur d'un acte ou d'une négligence qui a causé un dommage à autrui doit réparer le préjudice en versant à la victime des dommages et intérêts. C'est ce qu'on appelle la *responsabilité civile*. Le dommage à réparer peut être matériel (exemple : perte d'une voiture), moral (exemple : atteinte à la réputation), ou corporel (blessure).

La victime peut demander réparation au cours d'un procès civil ou pénal.

Une personne peut être civilement responsable pour ses propres faits, mais aussi pour les actes commis par des tiers ou même par des objets dont il a la responsabilité.

La responsabilité civile des personnes majeures

Cas général

Une personne majeure est responsable des dommages causés par ses propres actions. Par exemple, si on blesse volontairement une personne.

Chacun est également responsable des dommages causés par sa négligence ou par son imprudence. Par exemple, lors d'un accident de la route.

Dommage causé par un mineur

Les parents sont responsables des dommages causés par leurs enfants mineurs. Ce sont eux qui devront payer les dommages et intérêts à la victime. Mais les enfants restent responsables pénalement et peuvent faire personnellement l'objet de sanctions pénales.

Les parents sont responsables civilement si 2 conditions sont réunies :

- Ils exercent l'autorité parentale à l'égard de l'enfant,
- L'enfant habite habituellement avec eux.

La responsabilité civile des mineurs

La responsabilité civile des parents peut être engagée tant que l'enfant réside habituellement chez eux, s'il n'était pas à leurs côtés au moment de la réalisation des faits qui ont causé préjudice à des tiers. Par exemple, les parents seront responsables civilement des fautes commises par leur enfant en internat ou en colonie de vacances, ou même lorsqu'il est chez ses grands-parents.

Si les parents sont divorcés, c'est uniquement le parent chez qui l'enfant a sa résidence habituelle qui sera responsable civilement des dommages causés par l'enfant. Par exemple, si l'enfant abîme une voiture alors qu'il est chez son père qui dispose d'un droit de visite, c'est sa mère, qui a la garde habituelle, qui devra indemniser le propriétaire de la voiture.

www.service-public.fr, vérifié le 31 mai 2018, Direction de l'information légale et administrative (Premier ministre), ministère chargé de la Justice

Étape 1 Comprendre et analyser le texte

- Lisez le texte une première fois et surlignez le titre, l'auteur, la source, la date.
- Indiquez le thème du texte : juridique.
- Énoncez le thème général du texte : Les personnes responsables de l'indemnisation des victimes.

Étape 2 Rassembler les informations

- Identifiez le thème global du document : ce texte présente les principes d'indemnisation des victimes dans le cadre de la responsabilité civile.
- Énoncez les éléments de la structure du texte dans la colonne de gauche.
- Rayez les exemples pour garder l'essentiel du texte.

Étape 3 Rédiger le résumé

4 Comment se structure une entreprise ?

Capacités
- Identifier les différentes fonctions d'une entreprise et leurs interactions
- Se situer dans l'entreprise

Notions abordées
- Fonction d'une entreprise
- Organigramme

SITUATION PROFESSIONNELLE

Acteur majeur dans le domaine de l'électricité générale industrielle des régions Occitanie et Provence-Alpes-Côte-d'Azur, CMG-Tél est une entreprise qui s'est fortement développée depuis sa création en 2005, atteignant désormais un effectif de 350 collaborateurs répartis sur cinq sites. L'entreprise a à cœur de sensibiliser ses clients au développement durable, en promouvant les installations photovoltaïques qu'elle a conçues. Spécialistes en électronique, et plus particulièrement en installation de systèmes d'information chez les professionnels, ses techniciens mettent en place des réseaux de câblage multimédia.
Vous effectuez une PFMP au sein de l'agence CMG-Tél d'Aix-en-Provence. Son directeur Christian Deharo vous accueille. Il souhaite vous faire découvrir son agence et vous éclairer sur la manière dont les entreprises se structurent lors de leur développement.
Il vous demande d'être particulièrement attentif, car vous devrez par la suite créer une affiche qui expliquera le rôle des différentes fonctions de l'entreprise et de l'organigramme. Cette affiche sera exposée à l'entrée du bâtiment principal, là où les salariés badgent pour prendre leur service.

VIDÉO

Rexel, un monde d'énergie 1'32

lienmini.fr/eg30670rexel

1. À quel enjeu actuel cherche à répondre l'activité du groupe Rexel ?
2. Qu'entend-on par « la force logistique de Rexel »?
3. Peut-on dire que cette entreprise est organisée en différents services ?

Je découvre la question

Structure : lorsque l'on parle d'un système, la structure est la façon dont ses éléments sont organisés, reliés, ou interagissent entre eux.
La **structure d'une entreprise** :
- est l'agencement rationnel de tous les éléments essentiels pour que l'entreprise fonctionne avec efficacité ;
- définit les relations hiérarchiques et fonctionnelles entre les divers collaborateurs : il s'agit de la répartition des responsabilités et du mode de communication interne à l'entreprise.

Comment se structure une entreprise ?

Entreprise : ensemble des activités d'une personne ou d'un groupe de personnes qui travaillent pour fournir des biens ou des services à des clients. Elle peut être de différentes tailles. Plus elle se développe, plus elle doit se structurer.

Reformulation de la problématique

Comment doit s'organiser une entreprise pour faire face à son développement ?

Et vous ?
Pouvez-vous citer le nom de différents types de services présents dans une entreprise ?

Mes missions

Mission 1 Identifier les différentes fonctions d'une entreprise et leurs interactions

Mission 2 Se situer dans l'entreprise

Mes missions

Mission 1 Identifier les différentes fonctions d'une entreprise et leurs interactions

Christian Deharo souhaite tout d'abord vous faire découvrir les différentes fonctions d'une entreprise.

ACTIVITÉ 1 Quelles sont les fonctions d'une entreprise ?

DOC 1 L'entreprise, un ensemble de fonctions

Les multiples tâches effectuées dans l'entreprise peuvent être regroupées selon leur but.

On recense traditionnellement 8 grandes fonctions dans l'entreprise :
- la fonction production ;
- la fonction marketing et vente ;
- la fonction recherche et développement ;
- la fonction comptabilité et finance ;
- la fonction ressources humaines ;
- la fonction achats ;
- la fonction direction et administration générale ;
- la fonction logistique.

DÉFINITION

Fonction : une fonction, dans une entreprise, regroupe un ensemble de tâches homogènes, interdépendantes et ayant le même objectif.

1 Retrouvez à quelle fonction correspond chacune des définitions suivantes.

J'englobe les activités, qui transforment des matières premières et composants en produits vendus aux clients.
PRODUCTION

Je gère la situation financière de l'entreprise.
COMPTABILITÉ ET FINANCE

Je définis les objectifs, choisis les actions à accomplir, contrôle leur réalisation, puis prends d'éventuelles mesures correctives.
DIRECTION

J'ai en charge de procurer les matières premières et composants nécessaires à la production.
ACHATS

Je regroupe les activités permettant de comprendre les attentes des consommateurs pour essayer d'influencer leur comportement.
MARKETING ET VENTE

J'ai pour mission d'optimiser l'ensemble des flux physiques et informationnels de l'entreprise.
LOGISTIQUE

Je regroupe l'ensemble des processus qui, partant de la recherche fondamentale ou d'une invention, assurent la faisabilité industrielle.
RECHERCHE ET DÉVELOPPEMENT

Je recherche le personnel nécessaire et fais en sorte qu'il fasse de son mieux pour améliorer la performance de l'entreprise tout en s'épanouissant.
RESSOURCES HUMAINES

Delagrave, 2019

2 Identifiez la fonction de l'entreprise concernée par chacune des photographies suivantes.

Fonction : Recherche et développement

Fonction : Production

Fonction : Comptabilité et finance

Fonction : Logistique

ACTIVITÉ 2 Quelles sont les activités réalisées dans les fonctions de l'entreprise ?

Christian Deharo vous présente des membres du personnel lors d'une visite du site d'Aix-en-Provence.

DOC 2 Témoignages de collaborateurs de l'entreprise

Grégoire

Au quotidien, avec mon équipe, nous recherchons des informations sur ce que font les concurrents, sur les nouvelles technologies. La partie recherches en labo nous permet d'innover. Il nous faut également gérer les brevets pour protéger nos inventions.

Orane

Notre fonction est primordiale, car nous gérons le stockage et le transport. Il nous faut optimiser ces activités afin d'en réduire les coûts et satisfaire au mieux la clientèle. L'accueil des retours liés au service après vente fait également partie de nos missions.

Christian

Je dirige l'ensemble en essayant de prendre les meilleures décisions stratégiques pour l'entreprise. Je suis aussi responsable de la gestion des conflits internes. Je cherche à mobiliser au mieux le personnel.

Anathée

La direction doit disposer d'informations économiques fiables pour prendre ses décisions. Je suis en charge de cette mise à disposition. Je dois également utiliser au mieux les ressources financières disponibles et savoir obtenir au meilleur coût les capitaux nécessaires au développement de l'entreprise.

Patricia

La recherche des fournisseurs de matières premières et de composants, puis leur évaluation, me permettent de choisir les meilleurs afin d'assurer les approvisionnements de l'entreprise, aux meilleurs coûts.

Antoine

Pour honorer nos commandes, je dois définir les tâches et les temps de fabrication, élaborer le plan de production pour utiliser au mieux les machines, et bien sûr faire fabriquer les produits commandés tout en veillant au meilleur niveau de qualité.

Thomas

Le recrutement de personnes correspondant aux besoins de l'entreprise est fondamental. Mais mon équipe doit également veiller à motiver les salariés tout en améliorant leurs performances par la formation.

Élie

Notre service cherche à comprendre les attentes des consommateurs et la situation du marché sur lequel évolue l'entreprise. Pour réaliser le maximum de chiffre d'affaires, nous essayons d'influencer le comportement des consommateurs (par la communication notamment).

COMPRENDRE Quand une entreprise se développe, les types d'activités réalisées par les salariés sont regroupés au sein de « **services** ».

3 À partir du DOC. **2**, complétez le tableau ci-dessous.

Fonction de l'entreprise	Prénom du collaborateur rencontré
Direction et administration générale	Christian
Achats	Patricia
Comptabilité et finance	Anathée
Marketing et vente	Élie
Ressources humaines	Thomas
Production	Antoine
Recherche et développement	Grégoire
Logistique	Orane

ACTIVITÉ 3 Comment les fonctions interagissent-elles entre elles ?

Christian Deharo vous sensibilise au fait que toutes les fonctions de l'entreprise sont liées les unes aux autres.

DOC 3 Recherche et développement : quels enjeux ?

L'impact de la fonction recherche et développement (R&D) se perçoit dans l'ensemble de l'entreprise.

• Sur le plan de la production, la fonction R&D peut améliorer l'efficacité de la production lorsqu'elle propose des innovations de procédés. Pour autant, elle peut créer des contraintes supplémentaires quand il s'agit d'innovation de produits.

• Sur le plan commercial, la fonction R&D permet à l'entreprise de différencier son offre et de créer plus de valeur pour le client.

• Sur le plan financier, la fonction R&D représente d'abord un coût. Il s'agit d'un investissement dont les résultats seront aléatoires. En revanche, si l'innovation est une réussite, les recettes de l'entreprise seront plus élevées.

• Sur le plan stratégique, la fonction R&D permet à l'entreprise de développer sa spécificité et de se différencier des concurrents.

www.economie.gouv.fr

VIDÉO
Métier : ingénieur R&D 1'
lienmini.fr/eg30670ingenieurRD

4 Comment la fonction R&D interagit-elle avec les autres fonctions de l'entreprise ?

L'activité du service R&D a des conséquences sur les fonctions principales de l'entreprise : production – marketing et vente – comptabilité et finance – direction.

5 Parmi les propositions suivantes, cochez celles qui expliquent pourquoi une entreprise à intérêt à différencier son offre commerciale.

	Pour imiter ses concurrents.
√	Pour être plus visible sur son marché, face à la concurrence.
√	Pour se distinguer des concurrents.
	Pour baisser le niveau de ses prix.
√	Pour améliorer la valeur perçue de ses produits dans l'esprit des consommateurs.

6 Pourquoi la fonction R&D ne garantit-elle pas un résultat sûr ?

La recherche n'aboutit pas toujours à des innovations suffisamment intéressantes ou applicables. Les produits issus des innovations peuvent également ne pas obtenir le succès attendu.

Les fonctions de l'entreprise

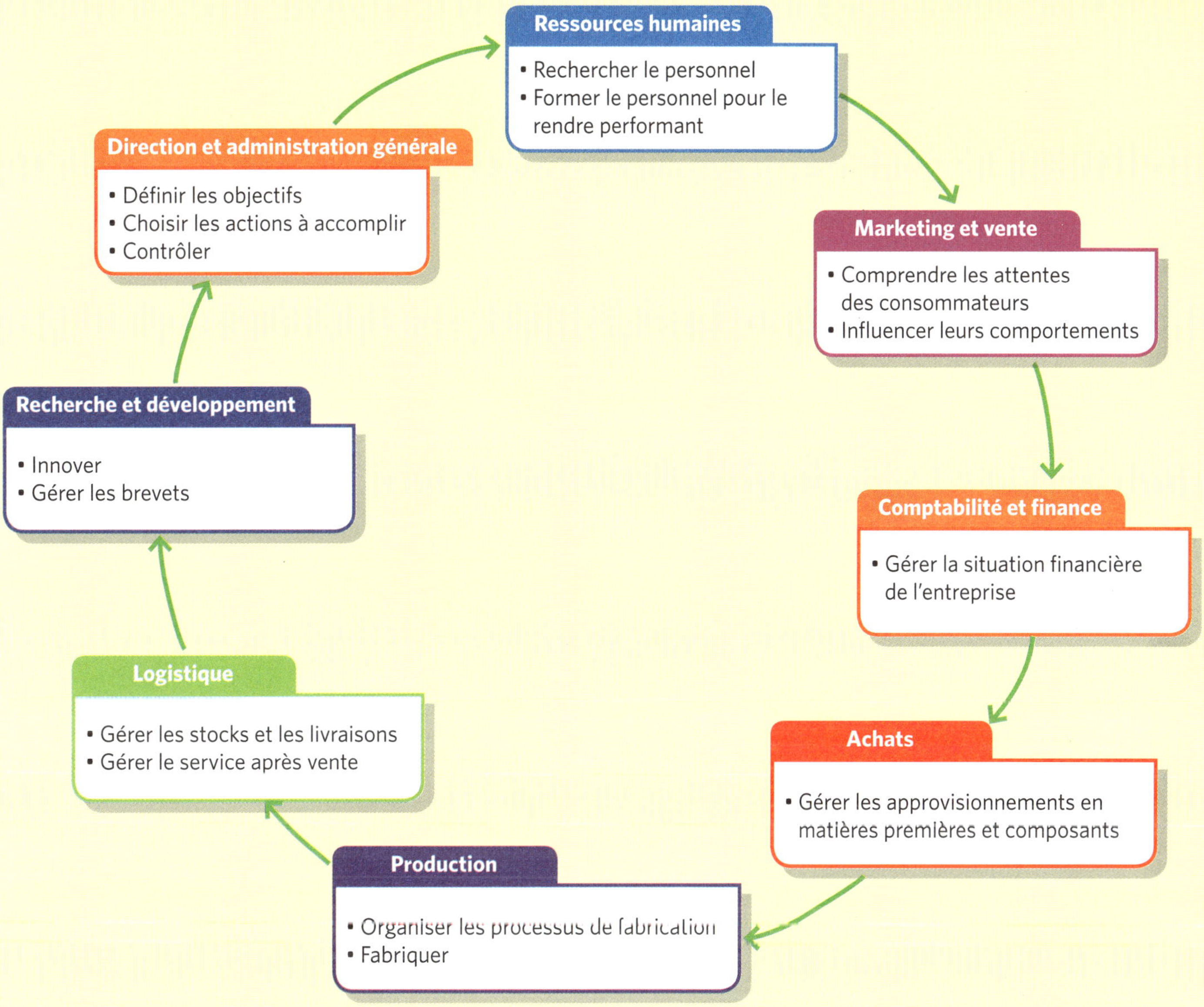

Je reformule

Expliquez ce qu'est une fonction d'entreprise, puis justifiez la présence de différentes fonctions dans l'entreprise.

Une fonction d'entreprise regroupe des personnes effectuant des tâches similaires ou répondant au même objectif. Elles sont parfois regroupées à l'intérieur d'un service.

Plus l'entreprise se développe, plus elle doit s'organiser en se structurant avec des fonctions car toutes les activités doivent être partagées entre les employés.

Et vous ?

À quelle fonction de l'entreprise appartiendrez-vous lorsque vous serez en PFMP ?

À moi de jouer !

Je vérifie mes connaissances
Identifier les différentes fonctions d'une entreprise et leurs interactions
lienmini.fr/eg30670exo09

1 | Maîtriser le vocabulaire de l'entreprise

Complétez la grille ci-contre à partir des définitions fournies.

1. Son but est d'identifier les attentes des consommateurs et d'influencer leurs comportements.
2. Son but est de fabriquer les produits de l'entreprise.
3. Groupe de salariés effectuant des tâches similaires ou répondant au même but.
4. Son but est de déterminer les objectifs stratégiques de l'entreprise.
5. Son but est d'assurer le stockage et les livraisons de l'entreprise.
6. Son but est d'assurer l'approvisionnement de l'entreprise.

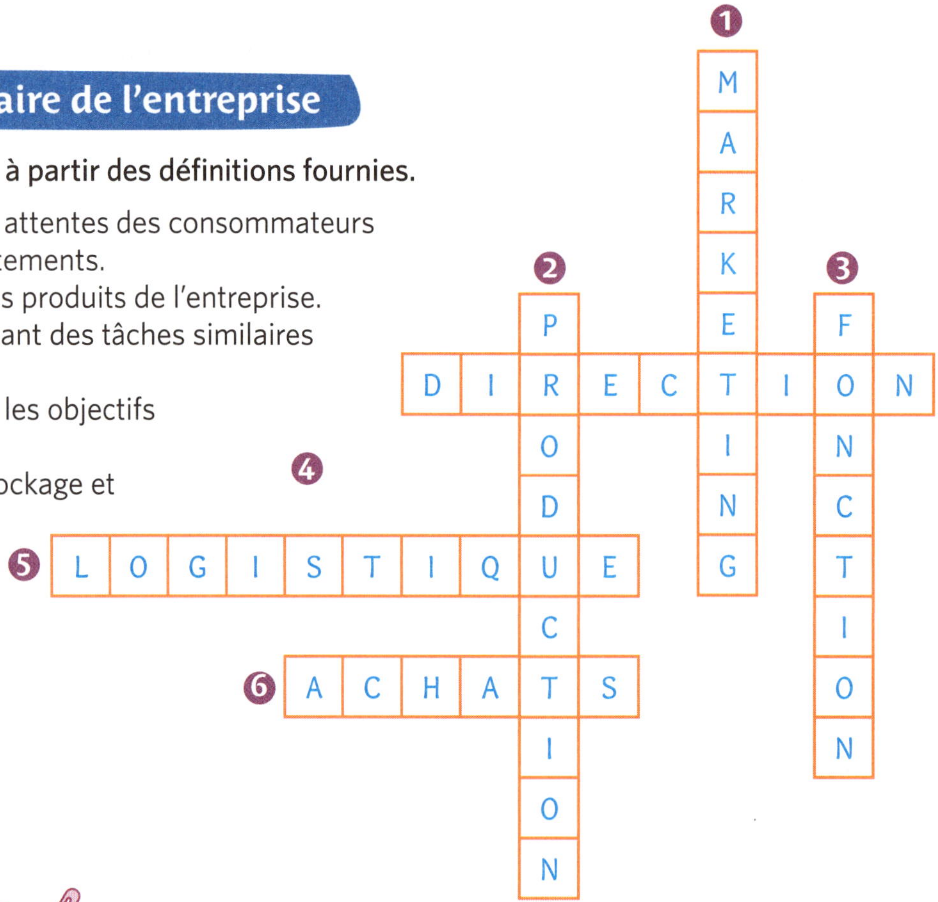

2 | Analyser un texte

DOC L'innovation chez Vinci Énergies

La force du modèle de Vinci Énergies s'exprime tout particulièrement en matière d'innovation [...].
Destiné à l'usine Snecma (située à Gennevilliers), qui fabrique des réacteurs d'avions, un bras manipulateur intelligent ou « cobot » a été conçu par Vinci Énergies. Jusqu'à présent, sur le site, un forgeron déplaçait manuellement des pièces très lourdes depuis un four jusqu'à la presse qui façonne les éléments du réacteur. Il est désormais assisté par le cobot, qui amplifie son geste tout en lui permettant de rester maître de l'opération de bout en bout. La cobotique contribue ainsi à réduire les troubles musculo-squelettiques des opérateurs et améliore la qualité de la production.

www.vinci-energies.com

1. Quelle est la fonction à l'origine de l'innovation proposée par Vinci Énergies à son partenaire Snecma ?

La fonction recherche et développement est à l'origine de cette innovation.

2. Quelle est l'innovation proposée ?

Il s'agit d'un bras manipulateur intelligent (« cobot ») permettant de déplacer des pièces très lourdes.

3. À quelle fonction de l'usine Snecma le « cobot » est-il destiné ?

Il est destiné à la fonction production : le forgeron sera désormais assisté par le bras manipulateur lors de la production d'élément de réacteur d'avion.

4. Quels avantages permet cette innovation ?

Ils réduisent les risques de troubles musculo-squelettiques et améliorent la qualité de la production.

Mes missions

Mission 2 Se situer dans l'entreprise

Pour Christian Deharo, il est important que vous puissiez vous situer rapidement dans l'entreprise qui vous accueille en PFMP. Il vous présente l'organigramme de l'agence d'Aix-en-Provence.

ACTIVITÉ 1 Qu'est-ce qu'un organigramme ?

DOC 1 Un organigramme, pour quoi faire ?

Une entreprise, les ministères publics, les hôpitaux, [...] et diverses autres structures recourent à l'organigramme pour organiser efficacement la multiplicité des tâches requises à leurs fonctions.

[...] On observe souvent les différents postes d'une entreprise représentés par des rectangles liés entre eux par des traits. Les traits verticaux indiquent les rapports de commandement et de subordination tandis que les traits horizontaux représentent des rapports d'égalité et de complémentarité. Il arrive que les postes à responsabilité soient représentés par des ovales. En somme, le but reste de donner en un clin d'œil une vue d'ensemble de l'organisation, laissant apparaître les détenteurs de pouvoirs et les chefs responsables.

www.petite-entreprise.net, mis à jour le 25 mars 2019

DÉFINITION

Organigramme : représentation schématique des liens fonctionnels, organisationnels et hiérarchiques des employés d'une entreprise.

1 À quels niveaux trouve-t-on les supérieurs hiérarchiques dans un organigramme ?

- [ ] Dans les niveaux inférieurs.
- [x] Dans les niveaux supérieurs.

2 À quoi correspond un trait vertical sur un organigramme ?

Au lien de subordination entre un supérieur hiérarchique et un salarié.

3 Les salariés reliés par un trait horizontal appartiennent-ils au même niveau hiérarchique ?

Oui, ils ont des rapports d'égalité, voire de complémentarité s'ils appartiennent à des fonctions de l'entreprise différentes.

4 Quelle est l'utilité de l'organigramme pour un salarié ?

Identifier les liens hiérarchiques entre les personnes, connaître ses supérieurs et éventuellement ses subordonnés.

ACTIVITÉ 2 Comment se situer dans l'entreprise ?

DOC 2 Organigramme CMG-Tél de l'agence d'Aix-en-Provence

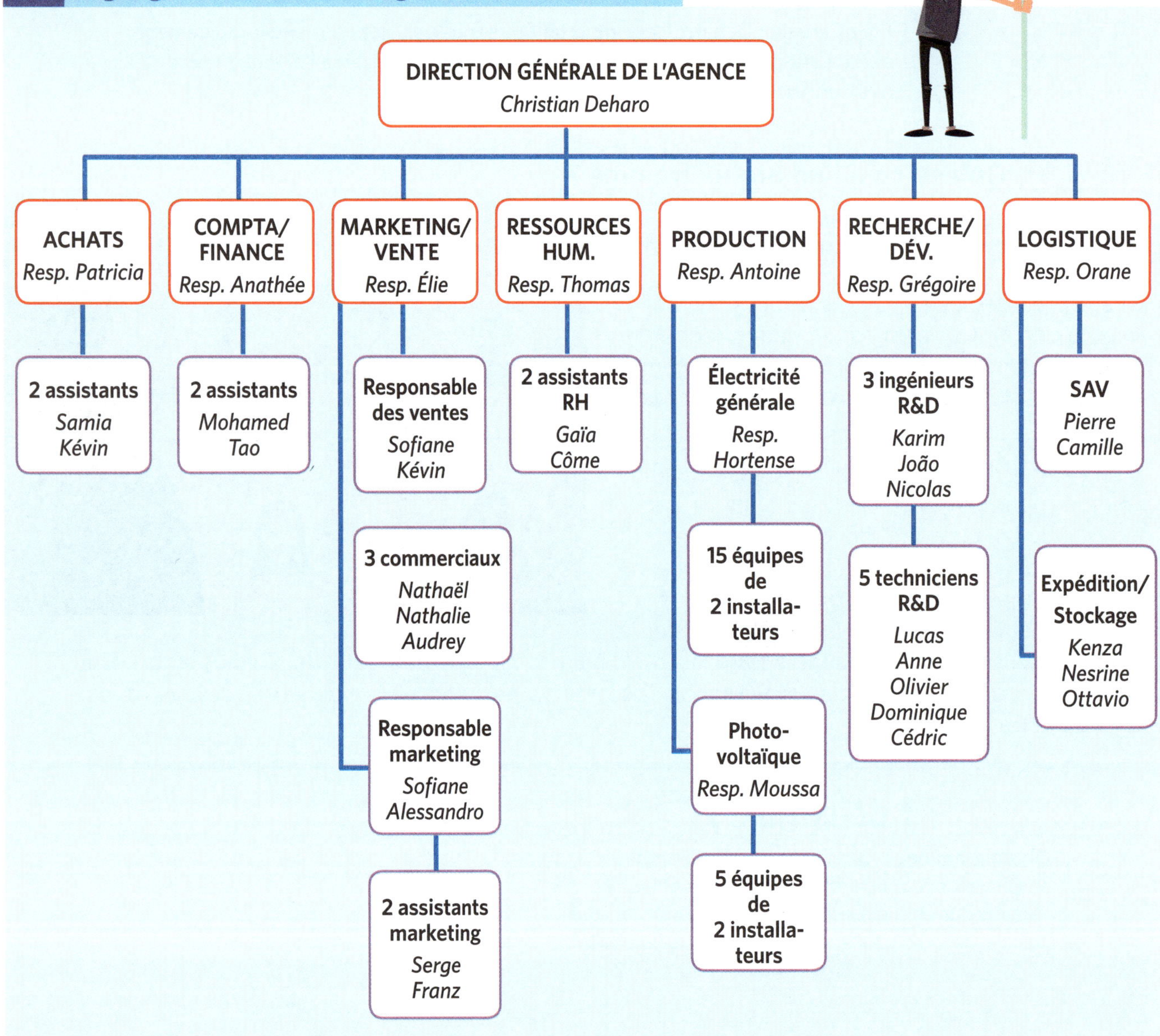

5 À partir du DOC. 2, complétez le tableau suivant.

Prénom	À quelle fonction appartient-il ?	Qui est son (ses) supérieur(s) ?	A-t-il un (des) subordonné(s) ?	
Anathée	*Comptabilité et finance*	*Christian, directeur général*	X	Oui
				Non
Nathaël	Marketing et vente	Sofiane, responsable des ventes		Oui
			X	Non
Moussa	Production, photovoltaïque	Antoine, responsable production	X	Oui
				Non
Camille	Logistique, SAV	Orane, responsable logistique		Oui
			X	Non
Cédric	Recherche et développement	Les 3 ingénieurs R&D Karim, João, Nicolas		Oui
			X	Non

6 À partir du DOC. 2, citez les services et les personnes à contacter dans les situations qui suivent.

Situation	Service et personne(s) à contacter
Deux installateurs « photovoltaïque » interviennent chez un client. Ils doivent changer une pièce importante qui s'obtient uniquement sur commande auprès du fournisseur.	Service : achats Personne(s) : Patricia ou l'un(e) de ses assistant(e)s, Samia ou Kévin
De retour d'une mission de 3 jours sur le site industriel d'un client dans le nord de la France, les installateurs « électricité générale » Franck et Kamel souhaitent remettre leurs notes de frais liés à leur séjour (hébergement, restaurant…), afin d'en obtenir rapidement le remboursement.	Service : comptabilité et finance Personne(s) : l'un des assistants, Mohamed ou Tao, ou la responsable Anathée
Votre PFMP se passe bien, vous appréciez les activités qui vous sont confiées et souhaitez postuler pour un emploi d'été au sein de l'agence.	Service : ressources humaines Personne(s) : le responsable Thomas
À la suite d'une erreur d'orientation d'un appel téléphonique que vous recevez dans l'atelier, votre interlocuteur souhaite parler à une personne s'occupant du service après vente.	Service : logistique, SAV Personne(s) : Pierre ou Camille
Christian Deharo vous demande de rapporter votre convention de stage au service qui en a la charge, afin qu'il puisse la classer dans votre dossier.	Service : ressources humaines Personne(s) : l'un(e) des assistant(e)s, Gaïa ou Côme
Vous croisez dans un couloir un technicien « photovoltaïque » nouvellement arrivé dans l'agence. Il vous demande à qui s'adresser en cas de problème technique sur un produit qu'il installe.	Service : logistique, SAV Personne(s) : Pierre ou Camille
Votre tuteur vous demande de contacter le responsable du service production qui comporte le plus d'installateurs. Il s'agit d'organiser rapidement une réunion à propos des nouveaux dispositifs de sécurité à respecter sur les chantiers.	Service : production, électricité générale Personne(s) : la responsable Hortense
Un chauffeur-livreur s'adresse à vous pour réceptionner des colis destinés à l'agence. Après lui avoir expliqué que vous n'appartenez pas au service concerné, vous l'orientez vers les bons interlocuteurs.	Service : logistique, expédition/stockage Personne(s) : Kenza, Nesrine ou Ottavio

ACTIVITÉ 3 Comment mettre à jour un organigramme ?

Christian Deharo vous confie à Moussa Sissoko, responsable du service photovoltaïque pour le reste de votre PFMP. Celui-ci vous présente son service.

Le service photovoltaïque ne cesse de se développer. Les premiers à me rejoindre ont été Rémi et Amine. Un an plus tard, sont arrivés Jared et Marc, suivis quelques semaines après par Élise et Sandro. Le secteur du photovoltaïque est en croissance depuis plusieurs années. Il nous faut pouvoir recruter rapidement des personnels compétents et autonomes. Deux dernières équipes nous ont rejoints depuis le début de l'année : Paul et Mattéo, ainsi que Farid et François. Tu accompagneras ces derniers pendant deux semaines sur tous leurs déplacements.

7 Mettez à jour l'organigramme de l'entreprise CMG-Tél en créant les niveaux hiérarchiques manquants dans le service photovoltaïque.

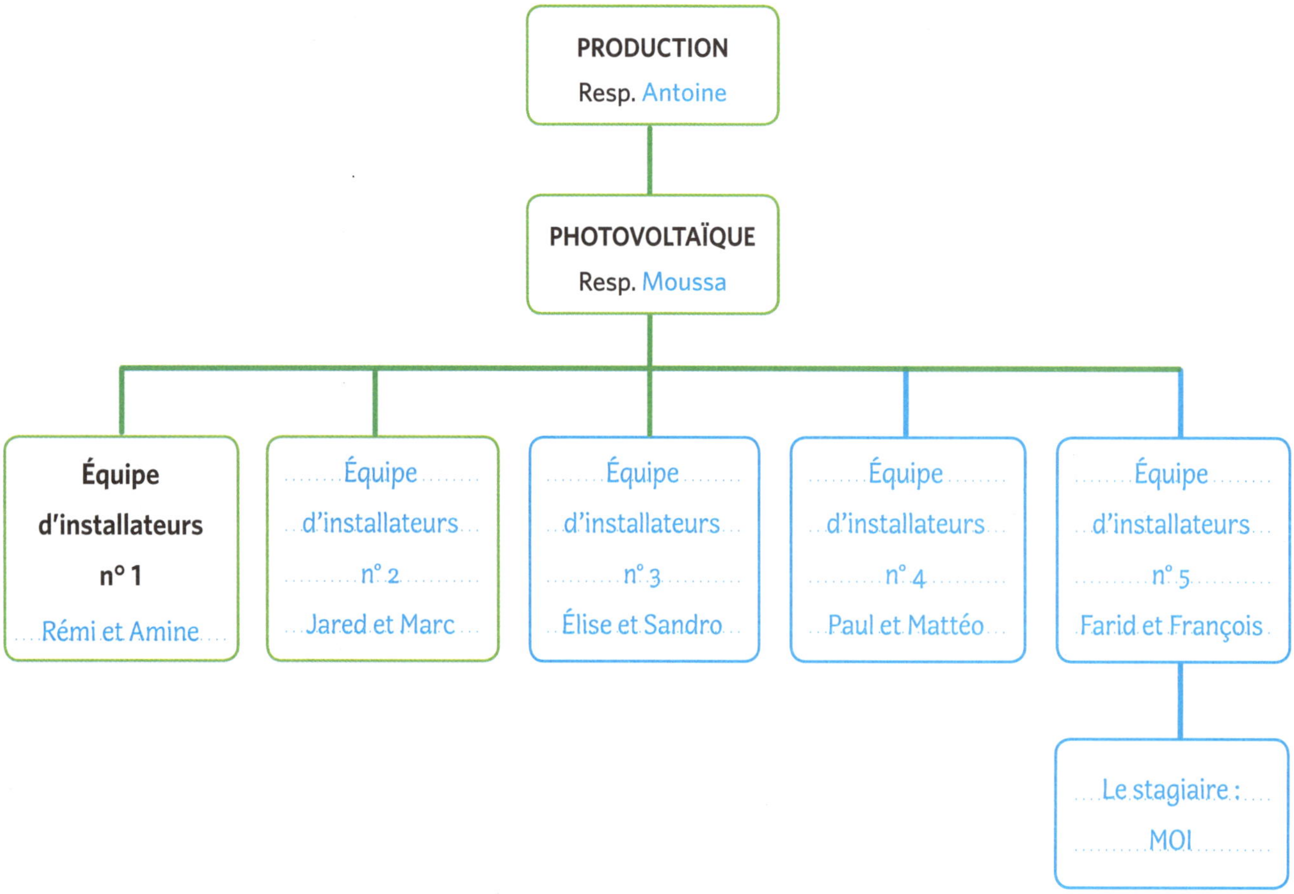

Je fais le point

Se situer dans l'entreprise

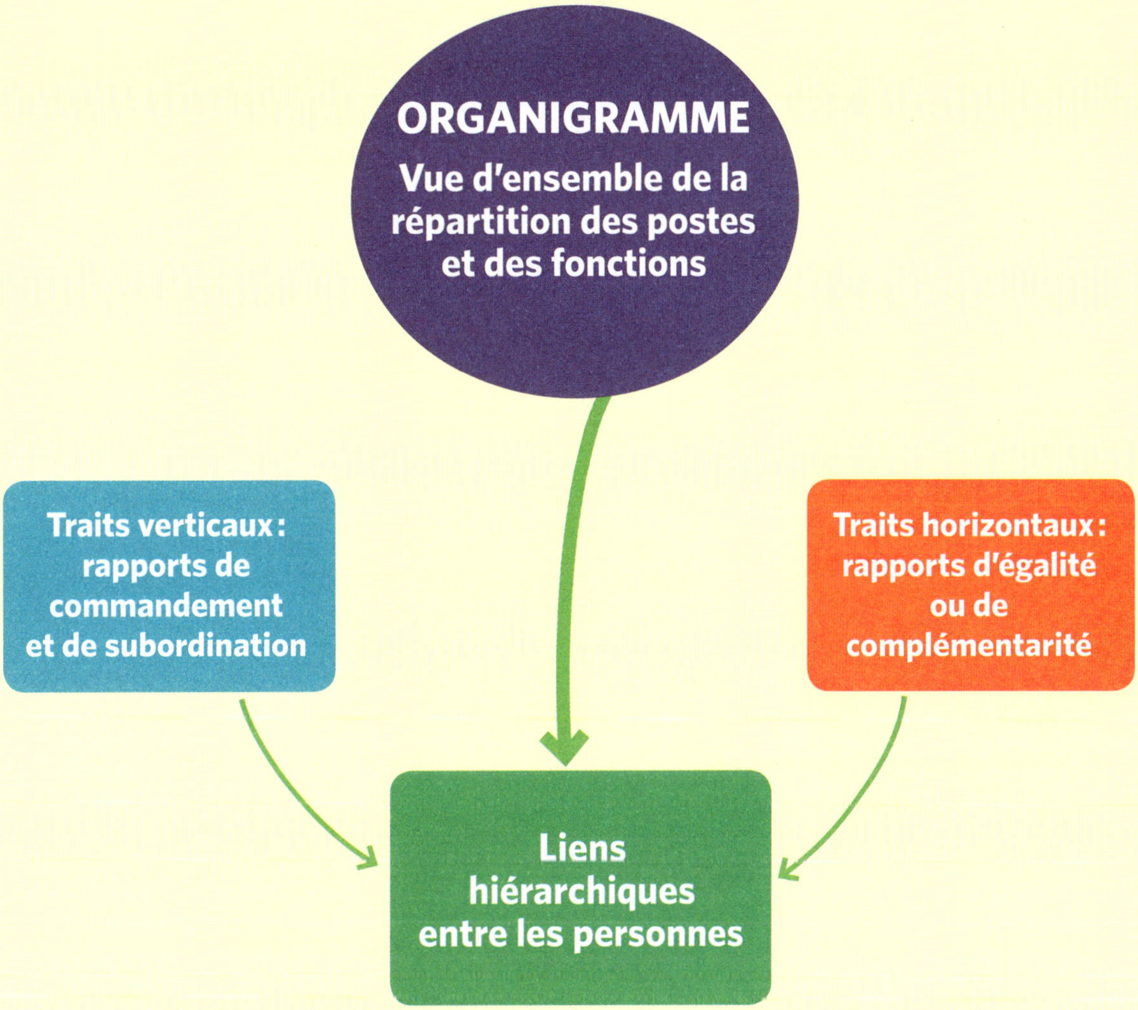

Je reformule

Expliquez à quoi peut servir l'organigramme dans l'entreprise.

En représentant les niveaux hiérarchiques et les fonctions des salariés de l'entreprise, l'organigramme permet de comprendre les liens de subordination entre les personnes.
Il permet également de savoir à qui s'adresser en fonction de son besoin.

Et vous ?

Où vous situez-vous sur l'organigramme de votre entreprise de PFMP ?

À moi de jouer !

Je vérifie mes connaissances
Se situer dans l'entreprise
lienmini.fr/eg30670exo10

1 | Comprendre l'utilité d'un organigramme

Retrouvez la suite de chacun des avantages offerts par l'utilisation d'un organigramme.

L'organigramme offre une meilleure connaissance de ses interlocuteurs, leurs rôles dans l'entreprise... ○	○ ... pour intégrer plus facilement un nouvel arrivant.
L'organigramme permet de comprendre l'organisation d'une entreprise ou d'une équipe... ○	○ ... utile aux membres de la direction pour corriger les problématiques organisationnelles existantes lorsque cela est nécessaire.
L'organigramme est un outil d'analyse de dysfonctionnements... ○	○ ... pour permettre à chacun de connaître sa juste place dans l'équipe, et identifier facilement les différentes positions hiérarchiques.

2 | Réaliser un organigramme

À l'aide de votre enseignant et éventuellement du site Internet de votre établissement.

Au tableau :

1. Listez le nom des personnels de direction et leur fonction : proviseur(e), proviseur(s) adjoint(s), DDFPT, assistant(e) DDFPT.
2. Listez le nom des personnels administratifs et leur fonction : secrétariat de direction, secrétariat des élèves, gestionnaire...
3. Listez les matières présentes dans l'établissement ainsi que les noms des enseignants de votre classe.

Sur une feuille :

4. Dessinez l'organigramme de votre établissement.

À l'aide d'un outil informatique adapté :

5. Réalisez l'organigramme que vous avez dessiné.

BILAN 4

Synthèse audio
Chapitre 4
lienmini.fr/eg30670synth04

Comment se structure une entreprise ?

Fonction	Missions
Direction et administration générale	• Objectifs stratégiques • Contrôle
Comptabilité et finance	• Gestion des ressources
Ressources humaines	• Recrutement • Formation • Motivation
Marketing et vente	• Analyse des besoins • Influence des comportements des consommateurs
Production	• Processus • Fabrication
Achats	• Approvisionnement des matières premières et composants
Logistique	• Livraisons • Stockage • SAV
Recherche et développement	• Innovation • Brevets

Je construis mon cours

Résumez les idées essentielles de chaque mission.

Mission 1 Identifier les différentes fonctions de l'entreprise et leurs interactions

De nombreuses tâches très différentes sont réalisées au sein d'une entreprise. Plus l'entreprise se développe, plus elle doit s'organiser. Les fonctions de l'entreprise permettent de réunir des tâches similaires ou visant le même objectif.
On retrouve huit fonctions principales : direction et administration générale, ressources humaines, marketing et vente, comptabilité et finance, achats, logistique, recherche et développement, et production de biens ou de services (cœur du métier de l'entreprise).

Mission 2 Se situer dans l'entreprise

L'organigramme représente, sous la forme d'un schéma, les liens fonctionnels et hiérarchiques du personnel d'une entreprise. Il donne une vue d'ensemble de la répartition des postes et fonctions au sein d'une structure.
Il permet de se situer dans l'entreprise et de voir les liens de subordination entre les différents salariés.
Grâce à l'organigramme, on sait qui fait quoi, et à quel niveau hiérarchique.

Je réponds à d'autres problématiques

Répondez aux questions, en utilisant obligatoirement les mots entre parenthèses.

1 Comment sont organisées et réparties les huit fonctions dans une petite entreprise ? (gérer directement, entrepreneur, délégation impossible, seul ou avec peu de salariés)

Lorsque l'entreprise est de petite taille, la plupart des fonctions sont gérées directement par l'entrepreneur lui-même. Étant seul ou avec peu de salariés, la délégation est impossible.

2 Les fonctions recherche et développement et production interagissent-elles ensemble ? (innovation, types de produits fabriqués, recherche et développement, production, impact important)

Ces deux fonctions sont liées entre elles. Les résultats obtenus par la recherche et développement en matière d'innovation auront un impact important sur les types de produits fabriqués par la fonction production.

3 L'organigramme permet-il de se situer dans l'entreprise ? (rôle, fonction, salariés, liens hiérarchiques)

Oui, car il permet d'identifier pour chaque salarié à quelle fonction de l'entreprise il appartient, le rôle qui lui a été donné ainsi que les liens hiérarchiques qu'il entretient avec les autres salariés.

JE RÉPONDS À LA MISE EN SITUATION PROFESSIONNELLE

Maintenant que vous avez analysé l'ensemble des documents, Christian Deharo souhaite que vous répondiez à sa demande : réaliser une affiche destinée aux salariés de l'agence, qui explique le rôle des fonctions de l'entreprise et de l'organigramme.

Dans cette affiche, vous devrez expliquer :
- l'expression « fonction de l'entreprise » ;
- les différentes fonctions pouvant être présentent dans l'entreprise ;
- le rôle de chaque fonction ;
- le rôle d'un organigramme pour les salariés de l'entreprise.

Vous pouvez utiliser une application numérique ou un logiciel de mise en forme afin de réaliser cette affiche.

Méthode Comprendre et analyser une infographie 7

Je comprends la méthode

DOC 1 Les entreprises en France

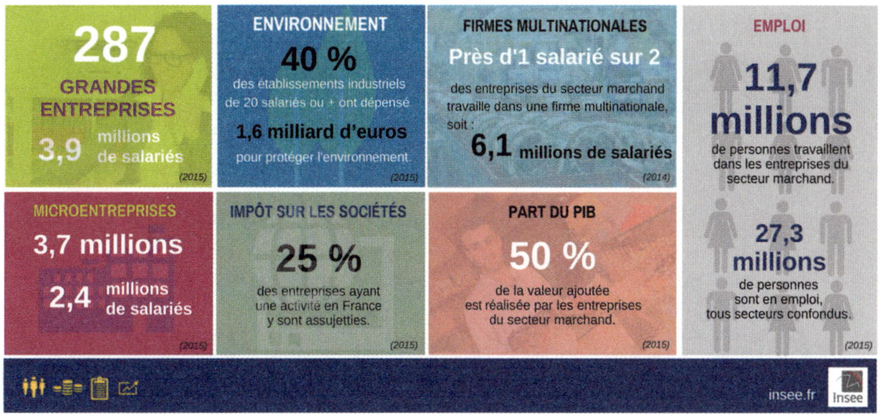

Source : Les entreprises en France. Édition 2017. Dossier de presse. INSEE références, p. 7, www.insee.fr

Étape 1 Présenter l'infographie

- Surlignez le titre, la date de parution et le support de publication du document.
- Identifiez les éléments présents sur l'infographie :

☐ Dessin ☐ Schéma ☒ Texte ☒ Chiffres ☐ Symboles ☐ Photos

- Déterminez le sujet : Panorama des entreprises en France
- Identifiez le public visé : Grand public

☐ J'ai validé l'étape 1

Étape 2 Décrire l'infographie

- Repérez les éléments présents sur l'infographie (thèmes abordés, unités utilisées pour exprimer les données). 5 thèmes sont abordés : le nombre d'entreprises, les dépenses pour protéger l'environnement, la part du PIB, l'impôt sur les sociétés, et la répartition des emplois. Certaines données sont exprimées en %, d'autres en euros, d'autres en nombre de salariés.

☐ J'ai validé l'étape 2

Étape 3 Mettre l'infographie en contexte

- Déterminez et cochez le contexte de l'image (plusieurs possibilités).

☒ Économique ☐ Juridique ☐ Historique ☐ Politique ☐ Social ☐ Culturel
☒ Environnemental

☐ J'ai validé l'étape 3

Étape 4 Interpréter le sens de l'infographie

- Identifiez les points présentés dans cette infographie.

Concernant la taille des entreprises : il y a 287 grandes entreprises, 3,7 millions de micro-entreprises.

Concernant l'emploi : 11,7 millions de personnes travaillent dans les entreprises du secteur marchand (dont la moitié dans une firme multinationale), soit 41,39 % des emplois (11,7/27,3 × 100).

25 % des entreprises payent l'impôt sur les sociétés et l'ensemble des entreprise représente 50 % du PIB.

- Cochez la conclusion qui vous semble la plus proche de l'idée que veut transmettre cette infographie.

☒ Les entreprises en France : des structures importantes pour l'économie
☐ Entreprise : un secteur qui doit progresser

☐ J'ai validé la méthode

J'applique la méthode

DOC 2 **Le B.A.-BA de la Responsabilité sociétale des entreprises**

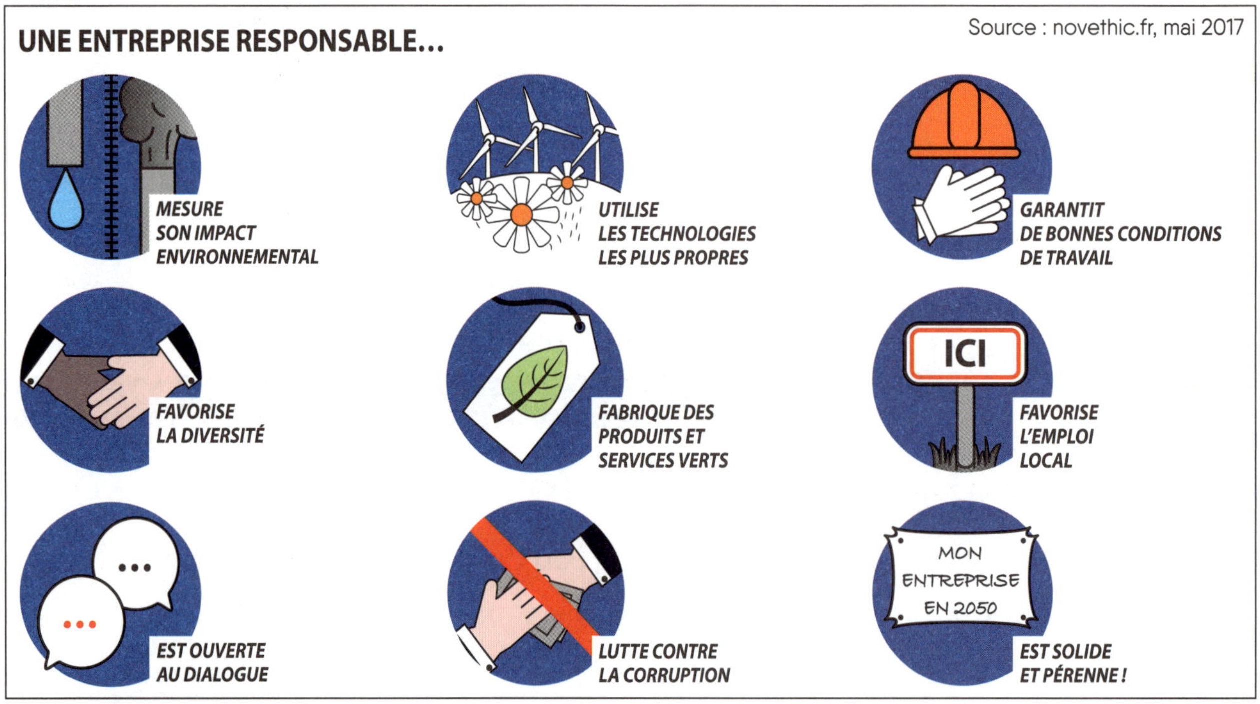

Étape 1 – Présenter l'infographie

✔ Les informations sont issues du site de Novethic (mai 2017). Il s'agit d'un média expert dans l'économie responsable.

✔ Les éléments présents sur l'infographie sont des dessins et des légendes.

✔ Cette infographie présente les actions à mettre en place pour respecter la RSE.

Étape 2 – Décrire l'infographie

9 images illustrent les actions ou les attitudes que doit respecter une entreprise pour la RSE. Les images sont accompagnées de verbes.

Étape 3 – Mettre l'infographie en contexte

Le contexte de l'image est économique, juridique et sociétal.

Étape 4 – Interpréter le sens de l'infographie

La mise en place de la RSE concerne différentes fonctions de l'entreprise telle que la production (garantir de bonnes conditions de travail), les ressources humaines (favoriser la diversité, dialoguer, lutter contre la corruption), les retombées sur l'environnement (mesurer l'empreinte écologique, favoriser le local). La RSE concerne les savoir-faire, mais aussi les savoir-être de l'entreprise. Tous les salariés d'une entreprise sont concernés.

Méthode 8 Comprendre et analyser un tableau

Je comprends la méthode

DOC 1 Statut d'activité au sens du BIT (Bureau international du travail) en 2018

	Ensemble		Sexe (en %)		Âge (en %)		
	en milliers	en %	Femmes	Hommes	15-24 ans	25-49 ans	50-64 ans
Actifs	**29 438**	**79,1**	**68,2**	**75,8**	**37,7**	**88,0**	**66,5**
Ayant un emploi	26 745	65,4	61,9	68,9	29,9	80,5	62,1
Chômeurs	2 693	6,6	6,3	6,9	7,8	7,5	4,4
Inactifs	**11 486**	**28,1**	**31,8**	**24,2**	**62,3**	**12,0**	**33,5**
Ensemble	**40 924**	**100,0**	**100,0**	**100,0**	**100,0**	**100,0**	**100,0**

Champ : France hors Mayotte, population des ménages, personnes de 15 à 64 ans.

Source : INSEE, études statistiques, mars 2019

Étape 1 Identifier les caractéristiques générales du tableau

- Notez le titre et la source. Statut d'activité au sens du BIT en 2018, tableau publié par l'INSEE
- Précisez les unités utilisées. Tableau avec des données en % et en milliers.
- Notez la date et le lieu de l'étude. Étude publiée en mars 2019 en France.
- Indiquez les différents statuts d'activité comparés dans le tableau. Les actifs (ayant un emploi et chômeurs) et les inactifs.

☐ J'ai validé l'étape 1

Étape 2 Comprendre le tableau

- Identifiez la répartition des informations.
  - Lignes : répartition par statut d'activité.
  - Colonnes : répartition pour l'ensemble, ensuite pour le sexe et l'âge.
- Cochez l'idée transmise par le chiffre entouré dans le tableau.
  - ☐ Les actifs représentent 71,9 % des personnes qui travaillent.
  - ☒ Les actifs représentent 71,9 % de l'ensemble de la population de 15 à 64 ans.

☐ J'ai validé l'étape 2

Étape 3 Restituer les idées principales du tableau

- Trouvez l'idée principale.

En 2018, en France, 71,9 % des personnes âgées de 15 à 64 ans sont actives au sens du BIT, qu'elles aient un emploi ou soient au chômage. 28,1% de la population est inactive.

- Illustrez les idées avec des chiffres selon les secteurs d'activité.

Parmi les 29 438 millions de personnes occupant un emploi, 9 sur 10 sont salariées (26 745/29 438 x 100). 75,8 % des hommes sont actifs contre 68,2 % des femmes. C'est la tranche d'âge 25-49 ans qui totalise le plus d'actifs. Les 50-64 ans concentrent le plus d'inactifs. Chez les jeunes de 15 à 24 ans, les inactifs représentent 62,3 %, ce sont les jeunes qui poursuivent des études par exemple.

☐ J'ai validé la méthode

J'applique la méthode

DOC 2 Agrégats selon la taille de l'entreprise en 2016

	Nombre d'entreprises	Salariés en équivalent temps plein	Chiffre d'affaires	Valeur ajoutée	Investissement	Exportations
	(en milliers)		*(en milliards d'€)*			
0 salarié	1 311	0	238,3	65,5	38,6	26,6
1 à 9 salariés	950	2 581	538,2	171,9	20,9	41,4
10 à 249 salariés	149	4 560	1 267,4	325,4	45,7	175,7
250 salariés ou plus	4	4 804	1 682,6	466,4	87,6	428,6
Ensemble	**2 414**	**11 946**	**3 726,4**	**1 029,2**	**192,7**	**672,3**

Source : Insee, Ésane (données individuelles)
© Insee, *Les entreprises en France 2018*

DÉFINITION

Agrégat : grandeur caractéristique de l'activité économique nationale.

Étape 1 — Identifier les caractéristiques générales du tableau

Le tableau présente les indicateurs économiques qui caractérisent les entreprises en France. C'est une étude publiée par l'Insee en 2018 sur la base des chiffres collectés en 2016. On distingue les petites, les moyennes et les grandes entreprises.

Étape 2 — Comprendre le tableau

Les agrégats sont présentés dans les colonnes. Pour les deux premiers agrégats (nombre d'entreprises et nombre de salariés en équivalent temps plein), les valeurs sont exprimées en milliers. Pour les quatre autres agrégats (chiffre d'affaires, valeur ajoutée, investissements et exportations), les valeurs sont exprimées en milliards d'€. Les lignes différencient les entreprises selon le nombre de salariés.

Étape 3 — Restituer les idées principales du tableau

Il y a au total 2 414 000 entreprises en France en 2016. Ce sont les très petites entreprises qui représentent la part la plus importante des entreprises : 54,31 % (1 311/2 414 × 100). Les entreprises de plus de 250 salariés représentent une part infime : 0,17 % (4/2 414 × 100). Ce sont les entreprises de plus de 10 salariés qui concentrent le plus d'équivalent temps plein : 78,39 % [(4 560 + 4 804)/11 946 × 100]. Le chiffre d'affaires réalisé par les entreprises est proportionnel à leur taille : les entreprises sans salarié réalisent 6,39 % du chiffre d'affaires total (238,3/3 726,4 × 100), les entreprises de plus de 10 salariés réalisent 79,16 % du chiffre d'affaires en France (1 267,4 + 1 682,6/3 726,4 × 100). Les entreprises de plus de 250 salariés réalisent 63,75 % des exportations (428,6/672,3 × 100).

5 Comment une entreprise définit-elle sa production ?

Capacités

- Caractériser la demande et l'offre de l'entreprise
- Repérer les évolutions de la demande et de l'offre de l'entreprise

Notions abordées

- Demande
- Offre
- Cycle de vie du produit
- Innovation
- Développement durable (traitement des déchets, circuits courts, production circulaire, production linéaire)

SITUATION PROFESSIONNELLE

Vos professeurs d'enseignement professionnel et d'économie-gestion ont, dans le cadre du projet d'établissement, organisé un court séjour pour visiter le site industriel hors normes de l'entreprise Chantiers de l'Atlantique.

L'entreprise Chantiers de l'Atlantique, nommée STX France jusqu'en 2018, vient de livrer, pour un prix dépassant le milliard d'euros, le plus gros paquebot de croisière du monde, le *Symphony of the Seas*, commandé par l'armateur Royal Caribbean International, une compagnie maritime américano-norvégienne. Installés à Saint-Nazaire depuis 150 ans, les Chantiers de l'Atlantique sont l'un des leaders mondiaux pour la conception et la fabrication de navires et d'installations marines.

Afin de préparer cette visite, vous devez réaliser en binôme un travail de recherche sur l'entreprise.

VIDÉO

Le marché des croisières en plein boom 2'13

lienmini.fr/eg30670croisieres

1. Pourquoi les passagers choisissent-ils ce mode de vacances ?
2. Quel lien faites-vous entre le reportage et les Chantiers de l'Atlantique ?

Je découvre la question

Entreprise : organisation créée dans la perspective de produire et de fournir des biens et/ou services à des personnes, physiques ou morales, et ainsi créer de la richesse pour dégager un profit.

Définir : énoncer les qualités, les propriétés essentielles. Déterminer précisément la nature de quelque chose, donner ses caractéristiques.

Comment une entreprise définit-elle sa production ?

Production : ensemble des moyens qui aboutissent à la création d'un nouveau bien ou service, sur une période donnée ou au cours d'un cycle de fabrication.

Reformulation de la problématique

Quels sont les choix que fait une entreprise afin de s'adapter à son marché ?

Et vous ?

Votre entreprise de PFMP a-t-elle modifié sa façon de travailler (diversification, sous-traitance, impact sur l'environnement) ?

Mes missions

Mission 1 Caractériser la demande et l'offre de l'entreprise

Mission 2 Repérer les évolutions de la demande et de l'offre de l'entreprise

Mes missions

Mission 1 Caractériser la demande et l'offre de l'entreprise

Vos professeurs vous demandent de décrire le marché de l'entreprise Chantiers de l'Atlantique : ses produits et services, ses fournisseurs, ses concurrents et ses clients.

ACTIVITÉ 1 Quels sont les éléments qui caractérisent l'offre de l'entreprise ?

COMPRENDRE L'offre désigne la quantité de biens ou services proposés sur un marché. Elle varie en fonction du prix. **Étudier l'offre du marché** consiste à recenser la concurrence, et donc connaître la place qu'occupe l'entreprise sur son marché, mais aussi l'ensemble des acteurs participant à la mise sur le marché d'un produit ou service (fabricants/producteurs, intermédiaires, distributeurs).

(DÉFINITION)
Offshore : en dehors de côtes, au large, en mer.

DOC 1 Les activités de l'entreprise

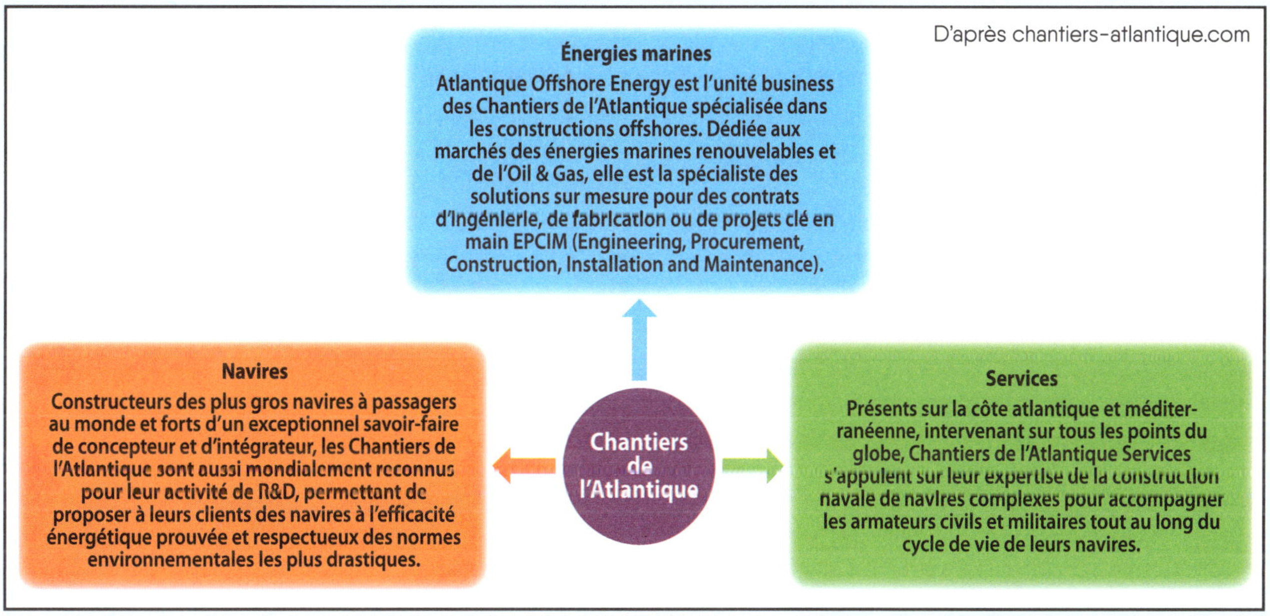

1 Présentez les activités de l'entreprise Chantiers de l'Atlantique.

L'entreprise a 3 activités distinctes : la construction de navires de croisière (activité principale), la construction offshore de projets d'énergies marines, et l'accompagnement des armateurs civils et militaires dans la transformation, la maintenance et la modernisation de leurs navires.

2 Indiquez l'intérêt qu'a une entreprise de diversifier ses activités.

Limiter les risques si un secteur d'activité est en perte de vitesse, et ainsi maintenir son niveau d'activité.

3 Montrez que cette entreprise possède une grande expérience et un savoir-faire unique.

Les Chantiers de l'Atlantique, ce sont 150 ans d'histoire dans la construction navale, et une entreprise qui vient de construire le plus gros paquebot de croisière au monde doté des toutes dernières innovations.

DOC 2 Spécialisation des pays producteurs par type de navire

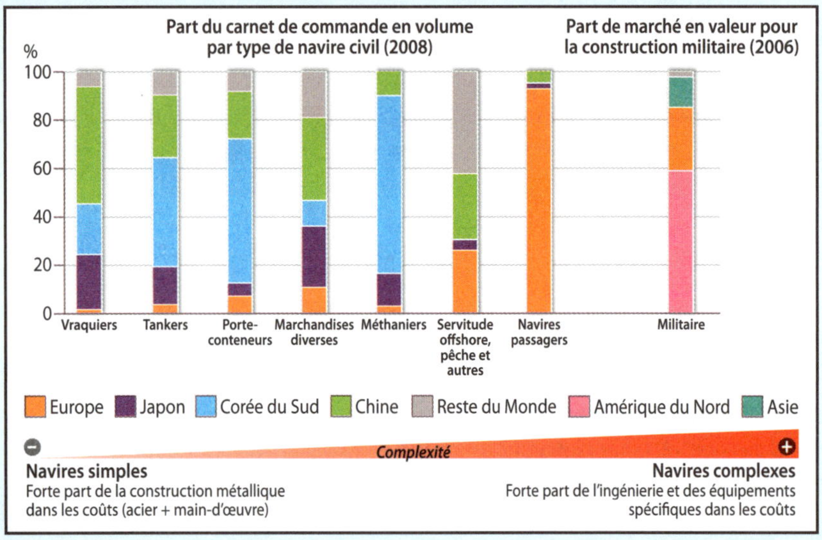

Source : afdet.org

DÉFINITIONS

Offre : proposition de produits ou de services par un certain nombre d'entreprises.

Demande : elle est issue des consommateurs particuliers ou professionnels.

Marché : rencontre d'une offre et d'une demande. C'est le lieu où se déterminent les prix et les quantités échangées. Un marché peut être décomposé en plusieurs segments de marché.

DOC 3 La France confirme sa place dans la construction des grands navires

Mercredi 6 avril, l'entreprise a reçu la plus importante commande de son histoire, avec la construction pour le croisiériste MSC Croisière de quatre nouveaux paquebots géants pour un montant de 4 milliards d'euros. [...]
Cette nouvelle commande démontre que la France conserve sa place parmi les pays capables de produire ces grands navires de croisière. Aujourd'hui, outre les Chantiers de l'Atlantique, seuls l'Allemand Meyer Werft, le Finlandais Meyer Turku et l'Italien Fincantieri sont capables de mener à bien la construction de tels navires. « Les Asiatiques n'ont pas la capacité de gérer des chantiers aussi complexes. La concurrence chinoise va arriver, c'est sûr. Mais nous sommes en avance, notamment grâce au fait que Saint-Nazaire est un des rares chantiers au monde à réunir autant de compétences très diversifiées. C'est un fleuron de l'industrie française », explique Maëlle Ruffet, ingénieur en construction navale.

www.la-croix.com, 6 avril 2016

4 Pour chaque affirmation, indiquez si elle est vraie ou fausse et justifiez votre choix à l'oral.

	Vrai	Faux
L'Europe est bien positionnée dans la construction de navires militaires.	x	
L'Europe est leader incontestable de la construction de paquebots de croisière.	x	
Les pays asiatiques sont spécialisés dans la construction des navires de transport de marchandises.	x	
La Corée du sud est spécialisée dans la construction de vraquiers.		x
Les États-Unis sont leaders dans la construction de navires militaires.	x	
L'Europe est présente sur tous les segments de marché.	x	
Les pays asiatiques conçoivent des navires de grande complexité technologique.		x

5 Indiquez le pays d'origine des quatre acteurs sur le marché de la construction de navires de croisière.

La France, l'Italie, l'Allemagne et la Finlande.

6 Expliquez pourquoi les Européens n'ont rien à craindre de l'arrivée de la Chine sur leur segment de marché.

Les Européens et la France ont une longue expérience et une avance technologique forte. Enfin, les Chantiers de l'Atlantique regroupent toutes les compétences spécifiques sur leur site.

DÉFINITIONS

Part de marché : indicateur qui permet de préciser l'importance d'un produit, d'une marque ou d'une société sur son marché pour une période donnée.

Elle se calcule par le ratio : **(ventes de la marque/ventes totales sur le marché) x 100**. Les ventes peuvent être exprimées en valeur monétaire (chiffres d'affaires).

Plan de charge : nombre de commandes ou carnet de commandes.

DOC 4 Plan de charge des 4 grands constructeurs de paquebots de plus de 2 000 passagers

2019

Compagnie	Constructeur	Capacité passagers > 2 000
TUI	Meyer Turku, FI	2 900
MSC	Chantiers de l'Atl., FR	4 500
Costa	Fincantieri, IT	4 232
Royal Caribbean	Meyer Werft, ALL	4 100
Costa	Meyer Turku, FI	5 000
Princess	Fincantieri, IT	3 600
NCL	Meyer Werft, ALL	4 200
MSC	Chantiers de l'Atl., FR	4 888
Carnival	Fincantieri, IT	4 200

2020

Compagnie	Constructeur	Capacité passagers > 2 000
Virgin	Fincantieri, IT	2 860
Celebrity	Chantiers de l'Atl., FR	2 900
P&O	Meyer Werft, ALL	5 000
Carnival	Meyer Turku, FI	5 000
Princess	Fincantieri, IT	3 600
MSC	Chantiers de l'Atl., FR	4 888
Royal Caribbean	Meyer Werft, ALL	4 100
Costa	Fincantieri, IT	4 232
Dream Cruises	Meyer Werft, ALL	5 000

2021

Compagnie	Constructeur	Capacité passagers > 2 000
Royal Caribbean	Chantiers de l'Atl., FR	5 400
AIDA	Meyer Werft, ALL	5 000
MSC	Fincantieri, IT	4 560
Virgin	Fincantieri, IT	2 860
Celebrity	Chantiers de l'Atl., FR	2 900
Dream Cruises	Meyer Werft, ALL	5 200
Costa	Meyer Turku, FI	5 000
Disney	Meyer Werft, ALL	2 500
HAL	Fincantieri, IT	2 660

2022

Compagnie	Constructeur	Capacité passagers > 2 000
Royal Caribbean	Meyer Turku, FI	5 000
Celebrity	Chantiers de l'Atl., FR	2 900
Virgin	Fincantieri, IT	2 860
MSC	Chantiers de l'Atl., FR	5 400
Carnival	Meyer Turku, FI	5 000
Princess	Fincantieri, IT	3 600
NCL	Fincantieri, IT	3 300
Disney	Meyer Werft, ALL	2 500
Cunard	Fincantieri, IT	3 000
P&O	Meyer Werft, ALL	5 200

2023

Compagnie	Constructeur	Capacité passagers > 2 000
TUI	Meyer Turku, FI	2 900
AIDA	Meyer Werft, ALL	5 400
Royal Caribbean	Chantiers de l'Atl., FR	5 714
Princess	Fincantieri, IT	4 300
Virgin	Fincantieri, IT	2 770
Disney	Meyer Werft, ALL	2 500
NCL	Fincantieri, IT	3 300
MSC	Fincantieri, IT	4 560
MSC	Chantiers de l'Atl., FR	4 888
Royal Caribbean	Meyer Turku, FI	5 000
MSC	Chantiers de l'Atl., FR	5 400
NCL	Fincantieri, IT	3 300
TUI	Fincantieri, IT	4 000
Princess	Fincantieri, IT	4 300
MSC	Chantiers de l'Atl., FR	5 400
NCL	Fincantieri, IT	3 300
MSC	Chantiers de l'Atl., FR	5 400
NCL	Fincantieri, IT	3 300
TUI	Fincantieri, IT	4 000
NCL	Fincantieri, IT	3 300

Source : lantenne.com

7 Présentez le plan de charge des Chantiers de l'Atlantique et indiquez les conséquences économiques et sociales pour l'entreprise.

L'entreprise a 13 commandes de navires de croisière d'ici 2022. Ces commandes vont créer des emplois, permettre des investissements et accroître le chiffre d'affaires de l'entreprise.

8 Calculez la part de marché de chaque constructeur, entre 2019 et 2023, en complétant le tableau ci-dessous.

Constructeur	2019	2020	2021	2022	2023	Nombre de projets	Part de marché
Meyer Turku	2	1	1	2	2	8	14,04 %
Fincantieri	3	3	3	4	11	24	42,11 %
Meyer Werft	2	3	3	2	2	12	21,05 %
Chantiers de l'Atl.	2	2	2	2	5	13	22,81 %
TOTAL	9	9	9	10	20	57	100 %

DOC 5 Les Chantiers de l'Atlantique s'agrandissent

Un investissement majeur pour faire face à l'afflux de commandes. Les Chantiers de l'Atlantique viennent d'achever l'extension de leur aire de prémontage. Cette zone permet de commencer la construction d'un paquebot en réalisant à l'avance les énormes tronçons métalliques qui constitueront la coque une fois assemblés. Les travaux ont permis d'agrandir la surface utile de 17 000 m², soit un gain de 30 %. Les Chantiers peuvent désormais travailler simultanément sur 22 méga-blocs contre 16 auparavant. De quoi accroître leur capacité de production. Il aura fallu quand même dépenser 16 millions d'euros pour obtenir ce résultat.

www.20minutes.fr, 27 novembre 2018

9 Expliquez pourquoi avoir un carnet de commande rempli à plus de 5 ans est une bonne chose pour l'entreprise.

L'entreprise peut anticiper ses achats, organiser son travail et prévoir les investissements.

10 Présentez l'investissement réalisé par l'entreprise et indiquez ses conséquences pour 2023.

Achat de 17 000 m² de terrain pour accroître l'aire de prémontage de 30 % et ainsi permettre la construction de 6 méga-blocs (tronçons de la coque des navires) supplémentaires. L'investissement aura coûté 16 millions d'euros pour augmenter les capacités de production de l'entreprise.

Cet investissement permet ainsi de passer de 2 paquebots construits par année à 5 en 2023, et donc d'augmenter le chiffre d'affaires de l'entreprise.

ACTIVITÉ 2 Quels sont les éléments qui caractérisent la demande de l'entreprise ?

DOC 6 Le marché mondial de la croisière

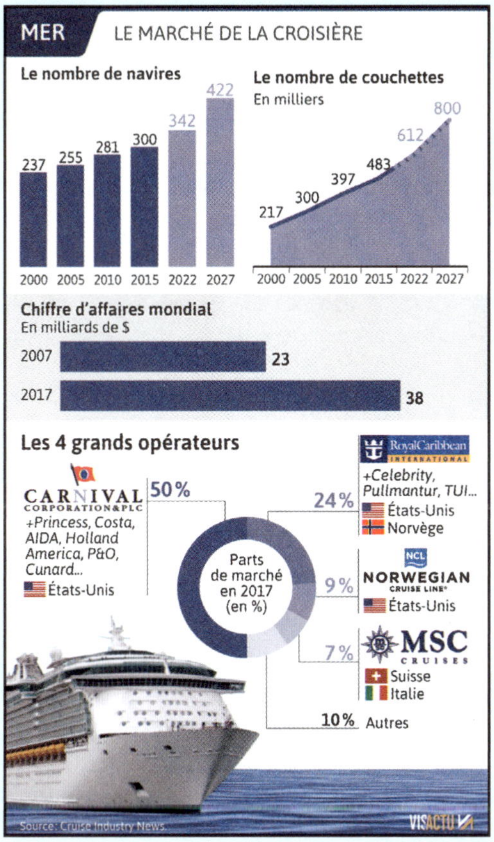

www.visactu.fr

COMPRENDRE La **demande** désigne la quantité de biens ou services achetés sur un marché par des clients. Elle varie en fonction du prix. Les clients ont des besoins qu'ils vont chercher à satisfaire en achetant ou en louant un bien ou un service.

(DÉFINITION)

Armateur : personne physique ou morale (ex. : compagnie de croisière) qui est propriétaire ou simple exploitant commercial d'un navire. C'est elle qui « arme » le navire, c'est-à-dire qu'elle fait en sorte que celui-ci soit prêt à embarquer. Elle a donc la responsabilité de l'entretien du navire, de l'embarquement d'un équipage compétent et des fluides et matériels à fournir au bord pour que le navire puisse travailler et naviguer normalement.

11 À l'aide du DOC. 6, complétez le tableau ci-dessous.

Les 4 grands armateurs de la croisière	Part de marché respective (en %)	Poids total sur le marché (en %)
Carnival	50	90
Royal Caribbean	24	
Norwegian Cruise Line	9	
MSC Cruises	7	

12 Présentez le croisiériste leader sur son marché.

C'est le groupe américain Carnival, propriétaire des compagnies Princess, Costa, Aida, Holland America, P&O, Cunard... qui détient 50 % de parts de marché en 2017.

13 Montrez que ce marché se porte bien.

Les commandes de navires augmentent régulièrement depuis les années 2000. Il y aura 122 paquebots supplémentaires entre 2015 et 2027.

La capacité d'accueil, qui se compte en nombre de couchettes disponibles, passera quant à elle de 217 000 en 2000 à 800 000 en 2027. Si les armateurs augmentent ainsi leurs capacités d'accueil, c'est que la demande est bien présente et continuera d'augmenter, car les compagnies réalisent de forts investissements qu'il faudra rentabiliser.

DOC 7 Croissance anticipée du tourisme de croisière mondial à l'horizon 2035

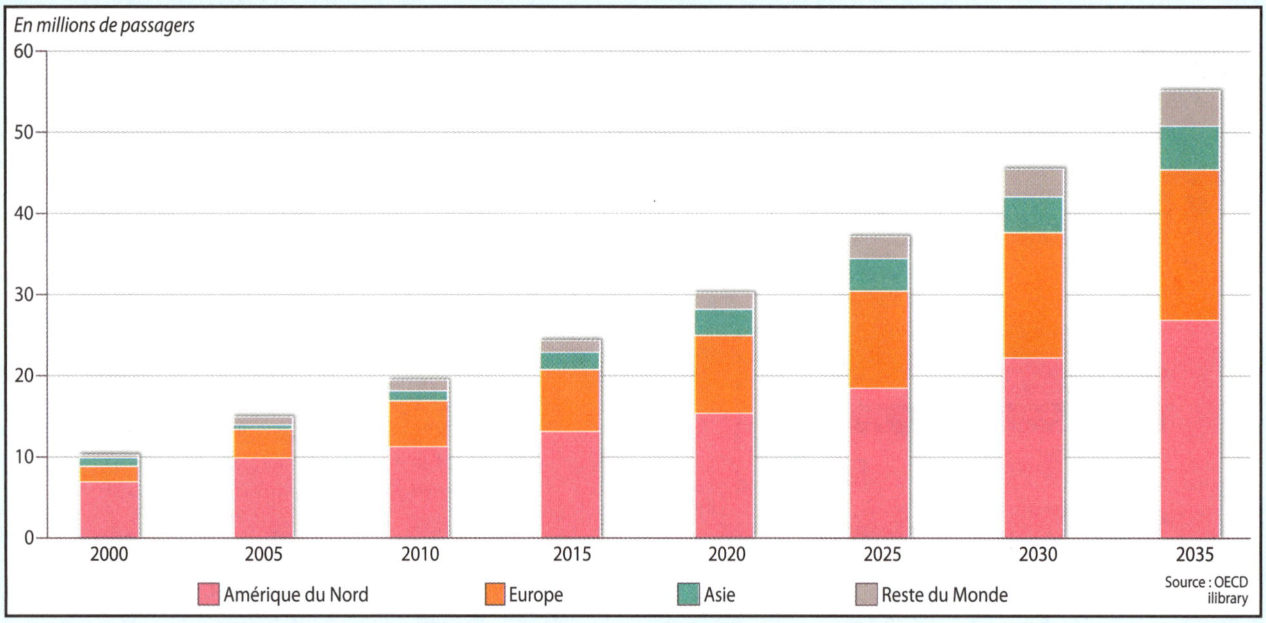

Source : OECD ilibrary

DOC 8 Les croisiéristes à l'assaut du prometteur marché chinois

Costa, RCCL, Princess ou Norwegian : les compagnies se positionnent sur un marché à fort potentiel.
Le marché de la croisière au large des côtes chinoises, quasi inexistant il y a une dizaine d'années, est aujourd'hui en pleine expansion. Pour le plus grand bonheur des armateurs occidentaux et des chantiers navals européens. Ce jeudi, c'est l'Allemand Meyer Werft qui a livré en mer du Nord le paquebot *Norwegian Joy* à la compagnie Norwegian Cruise Line, un navire conçu spécifiquement pour la clientèle chinoise. Fin mars, le *Majestic Princess*, construit en Italie dans les chantiers de Fincantieri, avait été livré à Princess Cruises.
En 2015, déjà près de 1 million de Chinois sont montés à bord d'un paquebot, un chiffre en hausse de 40 % sur un an, selon les chiffres de l'Association internationale des compagnies de croisières (Clia). Et selon les projections de l'Association chinoise de la croisière, ils devraient être 4,5 millions à tenter l'expérience à horizon 2020. Un véritable eldorado que ce marché, qui deviendrait ainsi le deuxième au monde, derrière les États-Unis, numéro 1 aujourd'hui avec plus de 11 millions de croisiéristes. En 2030, le marché chinois de la croisière pourrait être le premier au monde. [...]

Elsa Conesa, *Les Echos*, 28 avril 2017

14 Pour chaque affirmation, indiquez si elle est vraie ou fausse et justifiez votre choix à l'oral.

	Vrai	Faux
Le tourisme de croisière devrait presque doubler d'ici à 2035.	x	
Les passagers européens sont les plus nombreux.		x
La croissance du tourisme de croisière montre des signes d'essoufflement.		x
Le marché chinois est un marché porteur pour les chantiers navals.	x	
Le leader de la construction navale de paquebots est le *Norwegian Joy*.		x
40% des Chinois ont fait une croisière en 2015.		x
L'explosion de la demande chinoise s'explique par le développement économique du pays.	x	
Ces informations sur la demande de croisières sont importantes pour les Chantiers de l'Atlantique.	x	

Je fais le point

Le marché de l'entreprise

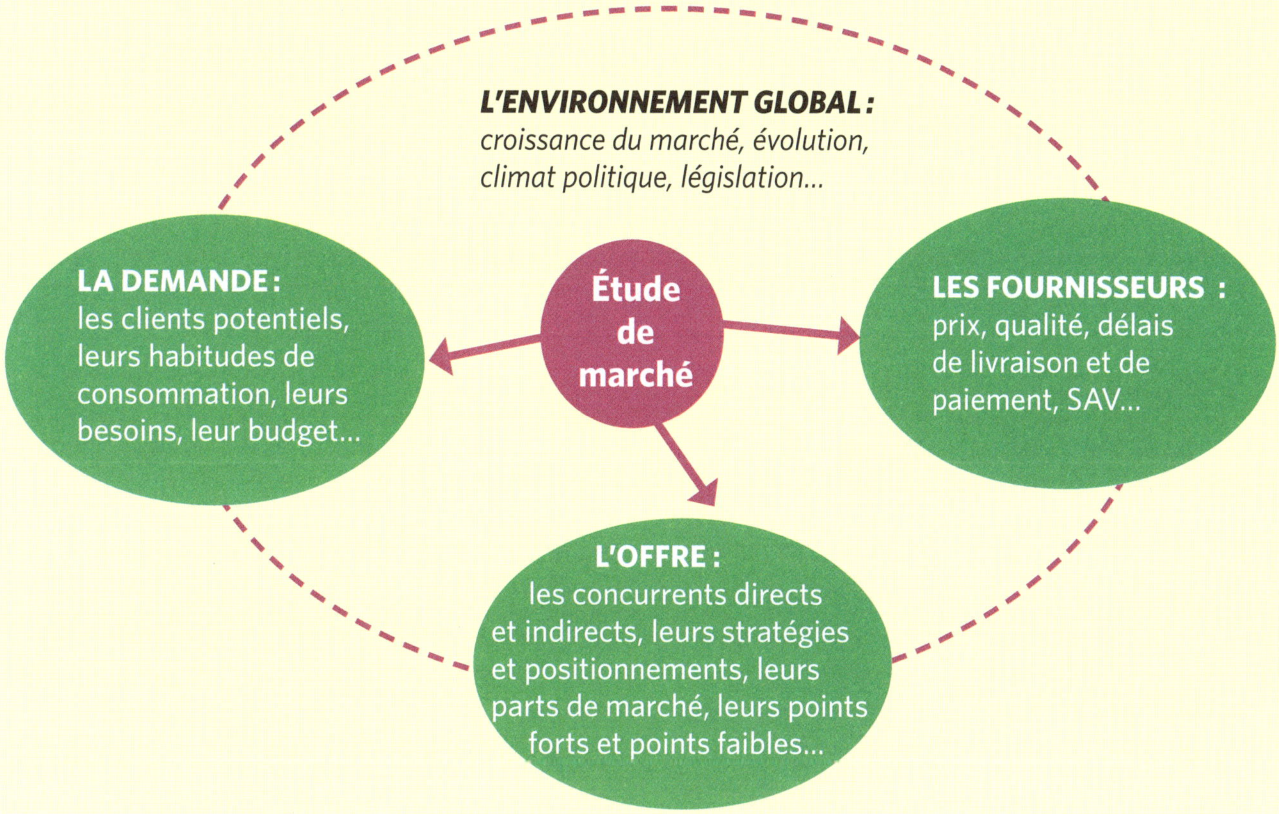

Je reformule

Définissez le marché de l'entreprise et caractérisez son offre et sa demande.

Une entreprise n'existe que si les produits ou services qu'elle crée répondent à un besoin. Son savoir-faire lui permet de se positionner sur son marché. L'entreprise doit connaître son offre et être capable de la faire évoluer pour s'adapter à la demande. Pour ce faire, elle doit être à l'écoute du marché, connaître la réglementation qui l'encadre et évaluer l'environnement économique (tendance, perspectives de développement, nouveaux marchés, climat géopolitique…).

Et vous ?

Pouvez-vous présenter le marché de votre entreprise de PFMP (ses clients, ses concurrents, ses fournisseurs…) ?

À moi de jouer !

Je vérifie mes connaissances
Caractériser l'offre et la demande de l'entreprise
lienmini.fr/eg30670exo11

1 | Maîtriser le vocabulaire de l'économie

Retrouvez les mots cachés dans cette grille.

E	L	E	D	U	C	O	N	C	U	R	R	E	N	C	E	O	C
D	T	E	E	J	L	O	F	S	D	E	D	N	A	M	M	O	C
S	E	G	M	E	N	T	U	F	V	S	H	R	T	T	A	D	F
C	P	M	A	C	D	I	V	E	R	S	I	F	I	E	R	H	S
A	L	M	N	S	M	J	K	E	N	E	Y	O	P	X	C	J	D
Z	I	S	D	Z	U	E	C	N	A	D	N	E	T	E	H	U	I
S	T	N	E	M	E	S	S	I	T	S	E	V	N	I	E	I	O

2 | Analyser un document

DOC ArcelorMittal fournira l'acier de deux nouveaux paquebots des Chantiers de l'Atlantique

Ce n'est pas la première fois qu'ArcelorMittal, leader mondial de l'acier, est choisi par les Chantiers de l'Atlantique. Son acier est 100% européen et répond au cahier des charges du constructeur. Les taules fortes destinées à la coque des navires proviennent de l'usine de Gijon (Asturies) et l'acier pour les ponts des navires provient de Fos-sur-Mer (France). Les feuilles d'acier, découpées directement sur le site du constructeur, représenteront environ 60 000 tonnes d'acier livré pour les deux nouveaux navires.

ArcelorMittal voit avec ces nouveaux contrats, l'opportunité de montrer une nouvelle fois sa capacité à fournir, son savoir-faire et de partager son expérience avec le constructeur. C'est l'occasion de prouver son efficacité, notamment en matière d'excellence de qualité et de logistique. En effet, acheminer de l'acier par navires, trains ou camions reste très compliqué : c'est pour cela que l'entreprise a implanté un atelier directement sur le site du constructeur pour davantage de réactivité, ce qui fait la différence dans les délais. Enfin, un ingénieur sera dédié, sur place, à améliorer les produits et la technologie pour continuer à faire progresser l'entreprise et apporter des solutions.

1. Surlignez les raisons qui ont poussé le constructeur à choisir le fournisseur d'acier ArcelorMittal.

2. Formulez les attentes des Chantiers de l'Atlantique vis-à-vis de leur fournisseur.

Livrer les produits commandés dans les délais, dans les bonnes quantités et avec la qualité demandée.

3. Expliquez en quoi le choix des fournisseurs est important pour une entreprise.

Toute la chaîne de production dépend des fournisseurs. S'ils ne sont pas en mesure de tenir les engagements, il y aura des retards et/ou des problèmes de qualité dans la production.

Mes missions

Mission 2 Repérer les évolutions de la demande et de l'offre de l'entreprise

De nos jours, les évolutions de la demande et de l'offre d'une entreprise sont liées essentiellement au développement durable. Vos professeurs vous demandent de chercher quelles sont les nouvelles attentes des clients en termes de développement durable. Comment les Chantiers de l'Atlantique limitent-ils leur impact environnemental ?

ACTIVITÉ 1 Quelles sont les attentes des clients en termes de développement durable ?

DOC 1 **Les objectifs de développement durable établis par l'ONU**

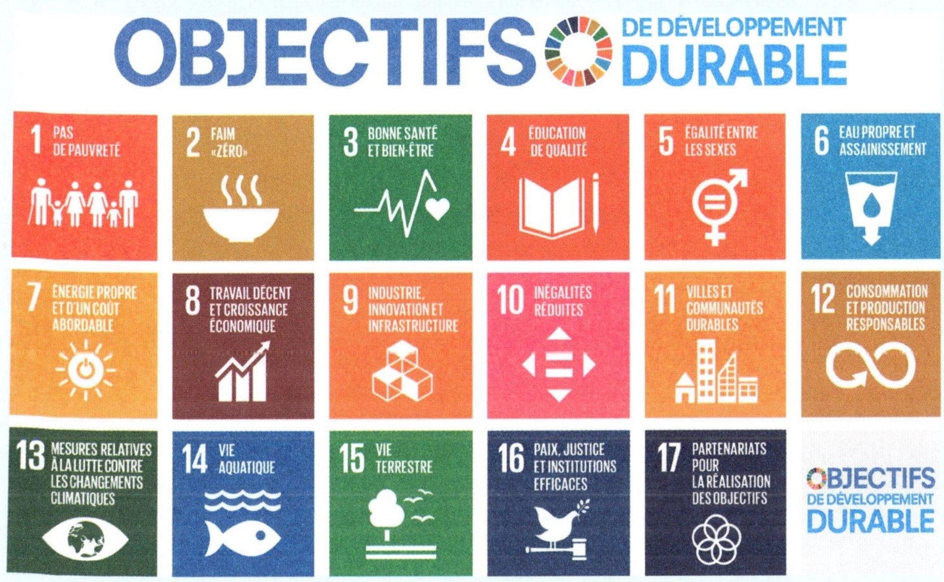

www.ecologique-solidaire.gouv.fr, ministère de la Transition écologique et solidaire

(DÉFINITION)

Développement durable : « développement qui répond aux besoins du présent sans compromettre la capacité des générations futures à répondre aux leurs », selon Mme Gro Harlem Brundtland, Première ministre norvégienne (1987).

En 1992, le Sommet de la Terre à Rio, organisé par les Nations unies, officialise la notion de développement durable et celle des **trois piliers (économie/écologie/social)** : un développement économiquement efficace, socialement équitable et écologiquement soutenable.

1 Complétez le tableau à l'aide du DOC. 1.

Action menée	Objectif durable
Créer des pistes cyclables	Villes et communautés durables
Planter un arbre pour chaque naissance	Protection de la faune et de la flore terrestres
Éviter le gaspillage alimentaire	Lutte contre la faim
Interdire les Coton-Tige	Protection de la faune et de la flore aquatiques
Créer un champ photovoltaïque	Recours aux énergies renouvelables
Mettre en place une campagne de vaccination	Accès à la santé
Imposer l'égalité salariale hommes/femmes	Égalité entre les sexes
Creuser des puits en Afrique	Accès à l'eau salubre et à l'assainissement

DOC 2 Le développement durable chez Costa en 10 mesures clés

Costa Croisières prend actuellement des mesures pour s'inscrire dans une démarche de développement durable.

La première mesure concerne la réduction des émissions de CO_2. L'armateur a passé commande de nouveaux navires beaucoup plus propres fonctionnant au gaz naturel liquéfié (GNL). Il travaille aussi à la rationalisation des routes et l'optimisation des itinéraires. Enfin, c'est en perfectionnant l'hydrodynamisme et l'aérodynamisme du navire que l'armateur veut baisser la consommation d'énergie, et ses coûts par la même occasion.

Deuxième point, la réduction de la consommation d'eau, et tout particulièrement dans les zones où des problèmes en approvisionnement d'eau se posent. De savants dispositifs ont été mis en place pour traiter l'eau de mer afin qu'elle soit utilisée pour le nettoyage des espaces communs extérieurs et laver le linge.

La promotion du recyclage des déchets fait également partie des mesures. Ainsi, de 2007 à 2015, pas moins de 334 tonnes d'aluminium (soit l'équivalent de 27 millions de canettes de 33 cl) provenant des paquebots de Costa ont été collectées. De quoi fabriquer 33 400 vélos, 722 000 cafetières, 221 000 lampes de bureau ou encore 37 voitures de train à grande vitesse.

L'entreprise entend bien responsabiliser aussi les croisiéristes. Elle s'apprête à lancer une grande campagne de sensibilisation au gaspillage alimentaire.

Costa Croisières veut également participer à la protection de la biodiversité. N'oublions pas que le fonds de commerce de la compagnie reste avant tout la destination et qu'elle a tout intérêt à la préserver. Dans ce sens, Costa Croisières est récemment devenue la première compagnie de croisières à prendre part à l'initiative Whalesafe (sauver les baleines en méditerranée).

Enfin, l'entreprise veut apporter son soutien à la recherche de solutions innovantes en faveur du développement durable.

D'après www.croisieres-exception.fr

2 Complétez le tableau à l'aide des DOC. 1 et 2.

Actions de la compagnie Costa croisière en faveur du développement durable	N° de l'objectif du développement durable correspondant	Pilier économique, écologique ou social
Navires fonctionnant au GNL	13	écologique
Rationalisation et optimisation des itinéraires	13	économique
Hydrodynamisme et aérodynamisme des navires	9	économique
Traitement de l'eau de mer	6	écologique
Sensibilisation contre le gaspillage	12	social
Recyclage	12	économique
Échanges entre les peuples	16	social
Réinvestissements dans les pays en difficulté	10	social
Protection de la biodiversité	14	écologique
Investir dans la recherche de solutions innovantes	9	économique

3 Dans quelle mesure le GNL est-il moins polluant que le fuel lourd ?

Le fuel lourd rejette 380 g de CO_2/KWh alors que le GNL en rejette 240 g.

4 Expliquez la phrase soulignée dans le DOC. 2.

Étudier en amont les itinéraires des navires permet de diminuer les temps de parcours. Cela permet aussi de réduire la consommation des navires, en se servant par exemple des vents et des courants marins favorables, ou de l'inertie du bateau pour se déplacer. Ces deux techniques permettent de baisser la consommation d'énergie, et donc de diminuer les émissions polluantes.

ACTIVITÉ 2 Comment l'entreprise s'adapte-t-elle aux nouvelles exigences de ses clients ?

Pour faire face aux enjeux climatiques et écologiques et ainsi limiter leur empreinte environnementale, les entreprises intègrent à leur processus de production le recyclage ou encore des approvisionnements écoresponsables. Vos professeurs vous demandent de montrer comment l'entreprise des Chantiers de l'Atlantique s'engage pour limiter son impact environnemental.

COMPRENDRE L'**économie linéaire** est un modèle économique apparu pendant la révolution industrielle pour répondre aux besoins de la société de consommation. Ce modèle consistait à extraire, fabriquer, consommer et jeter.

L'**économie circulaire** désigne un modèle économique dont l'objectif est de produire des biens et des services de manière durable, en limitant la consommation et les gaspillages de ressources (matières premières, eau, énergie) ainsi que la production des déchets.

VIDÉO De l'économie linéaire à l'économie circulaire jusque 2'12
lienmini.fr/eg30670ecolineaire

DOC 3 Un système économique linéaire

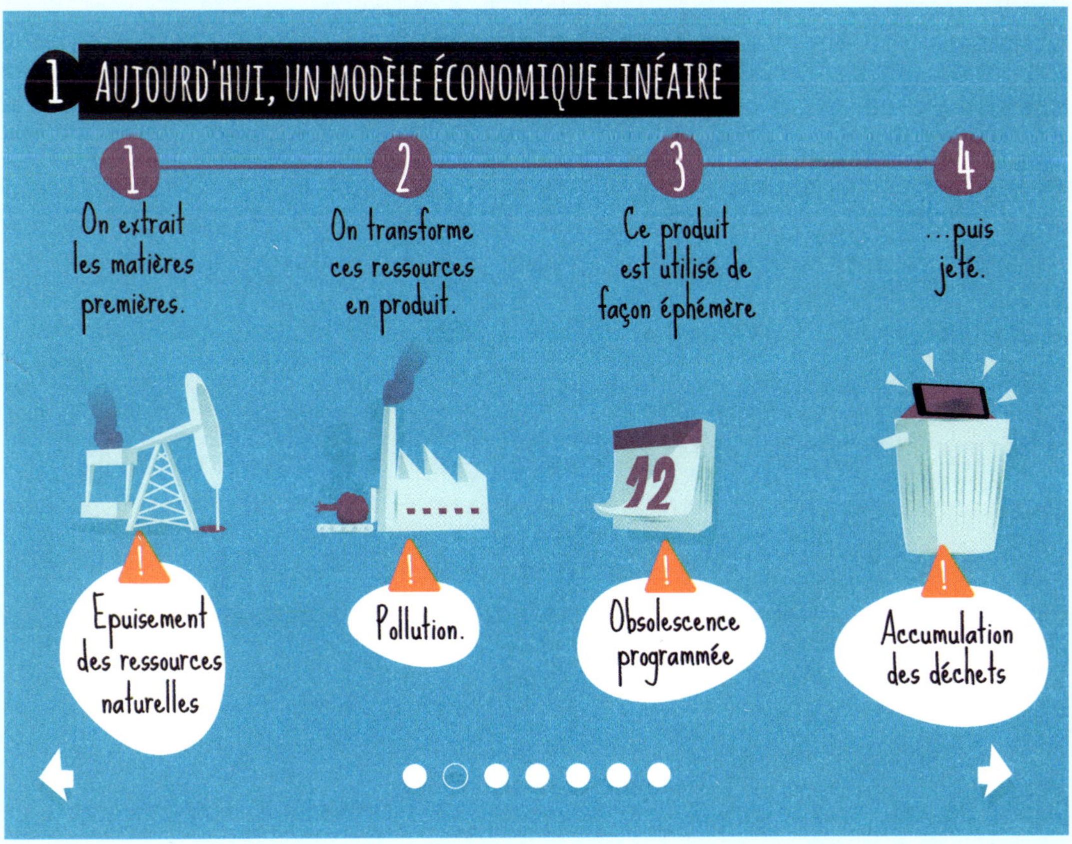

DOC 4 L'économie circulaire

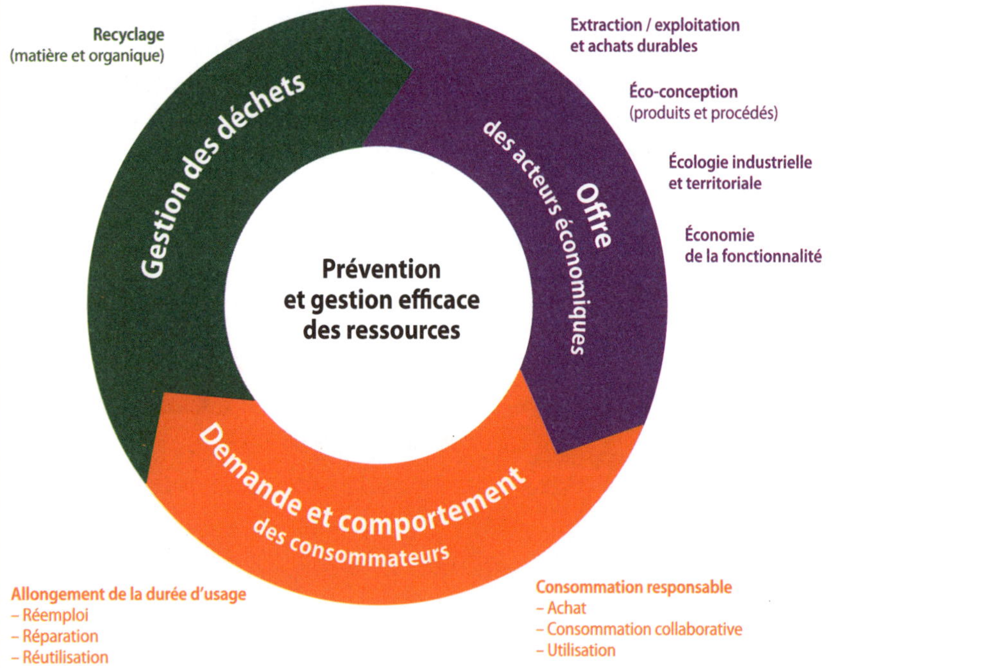

Source : ADEME.

VIDÉO

Économie circulaire : du concept à l'action 3'26

lienmini.fr/eg30670ecocirculaire

5 Listez les conséquences d'un modèle de production linéaire.

Épuisement des ressources naturelles, pollution et augmentation des déchets.

6 Indiquez quel élément ou activité fait son apparition dans le modèle circulaire.

L'élément qui fait son apparition dans le modèle circulaire est le recyclage.

7 Présentez l'élément qui doit être au cœur du processus de production et de consommation.

L'écologie doit être au cœur du processus de production et de consommation.

DOC 5 Projets innovants

À l'occasion du grand salon de la croisière Seatrade, Chantiers de l'Atlantique révèle *Silenseas*, une nouvelle gamme innovante de navires de croisières à voile. Ce projet vise « un nouveau type de croisiéristes aventuriers et soucieux de l'environnement » pour « une autre expérience de la croisière plus "écoresponsable" ».

L'entreprise a poursuivi ses travaux de recherche dans le cadre de son programme R & D Ecorizon sur le principe de propulsion par voile. En développant un concept breveté, SOLIDSAIL, permettant d'atteindre des grandes surfaces de voile en toute sécurité (jusqu'à 1 200 m^2). Et en couplant l'usage des voiles aux dernières technologies de propulsion et production d'énergie (GNL, batteries, automatisation), « Silenseas réduit sur des parcours Caraïbes de 60 % la consommation d'énergie de propulsion, tout en permettant des performances exceptionnelles sous voiles » (12 nœuds avec 15 nœuds de vent).

www.presseocean.fr, 9 mars 2018

8 À l'aide du DOC. 5, montrez comment les Chantiers de l'Atlantique mettent en œuvre le modèle économique circulaire.

Les Chantiers de l'Atlantique innovent en proposant des navires de croisières à voile. Il s'agit d'écoconception de produits et procédés qui diminuent de 60 % l'impact des énergies de propulsion sur l'environnement grâce à l'utilisation d'énergies renouvelables (le vent).

9 Nommez le moyen qui permet de protéger les innovations de l'entreprise et dites pourquoi il est important de s'en servir.

Le brevet. L'entreprise a investi du temps et de l'argent dans la R&D et doit rentabiliser cet investissement. Enfin, les innovations brevetées donnent aux entreprises un avantage compétitif sur leurs concurrents pour gagner des parts de marché et accroître le chiffre d'affaires : c'est un enjeu commercial.

COMPRENDRE Le **circuit court**, utilisé initialement pour les produits agricoles, consiste à réduire son périmètre d'achat et de consommation pour limiter les intermédiaires. Le client achète ses produits de manière directe auprès de producteur locaux. Privilégier les circuits courts permet par exemple de créer des emplois locaux, de mieux respecter l'environnement, de privilégier les produits nationaux...

DOC 6 Chantiers de l'Atlantique décerne ses « Partners Of The Year Awards » à 11 fournisseurs et coréalisateurs

Chantiers de l'Atlantique a réuni plus de 500 entreprises coréalisatrices et fournisseurs pour les Suppliers'Days organisés les 14 et 15 mai à La Baule (Loire-Atlantique). Cet événement a été l'occasion de faire le point sur la situation de l'entreprise et de mobiliser l'ensemble du réseau sur les nouveaux challenges et les perspectives de la construction navale à Saint-Nazaire. [...]
À l'issue de la manifestation, Chantiers de l'Atlantique a distingué 11 sociétés en leur attribuant à chacune un Partner of the Year Award (Trophée du meilleur partenaire de l'année).
Les entreprises récompensées sont :
- **Eurevia** (équipements de conditionnement d'air), La Ciotat, région PACA
- **Johnson Controls** (installation de conditionnement d'air), Nantes, région Pays de la Loire
- **SLCE watermakers** (équipement de traitement d'eau), Lanester, région Bretagne
- **Arcelor Mittal** (fournisseur de tôles acier), atelier de production sur le site de Saint-Nazaire, région Pays de la Loire
- **Lumen** (éclairages architecturaux), Saint-Nazaire, région Pays de la Loire
- **Media6 Ateliers Normand** (agencement de locaux publics), Nantes, région Pays de la Loire
- **Cimel** (fournisseur de torons de câbles), Laval, région Pays de la Loire
- **PMO** (chaudronnerie et tuyauterie industrielles), Montoir de Bretagne, région Pays de la Loire
- **Somec** (baies vitrées de cabines et locaux publics), San Vendimiano, Italie
- **Comi Service** (échafaudages), Saint-Nazaire, région Pays de la Loire
- **Ocea** (superstructures aluminium), Sables-d'Olonne, région Pays de la Loire

www.chantiers-atlantique.com, 17 mai 2019

10 Montrez que l'entreprise Chantiers de l'Atlantique privilégie les circuits courts pour la construction de ses navires.

La majeure partie des entreprises coréalisatrices et fournisseurs récompensées sont implantées dans la région Pays de la Loire : Nantes, Saint-Nazaire, Laval, Montoir de Bretagne, Sables-d'Olonne.

11 Indiquez les principaux avantages pour l'entreprise Chantiers de l'Atlantique de travailler avec ces entreprises locales.

Une rapidité des délais de livraison des produits fabriqués par les sous-traitants, une meilleure réactivité.

Je fais le point

Le développement durable et les choix de production

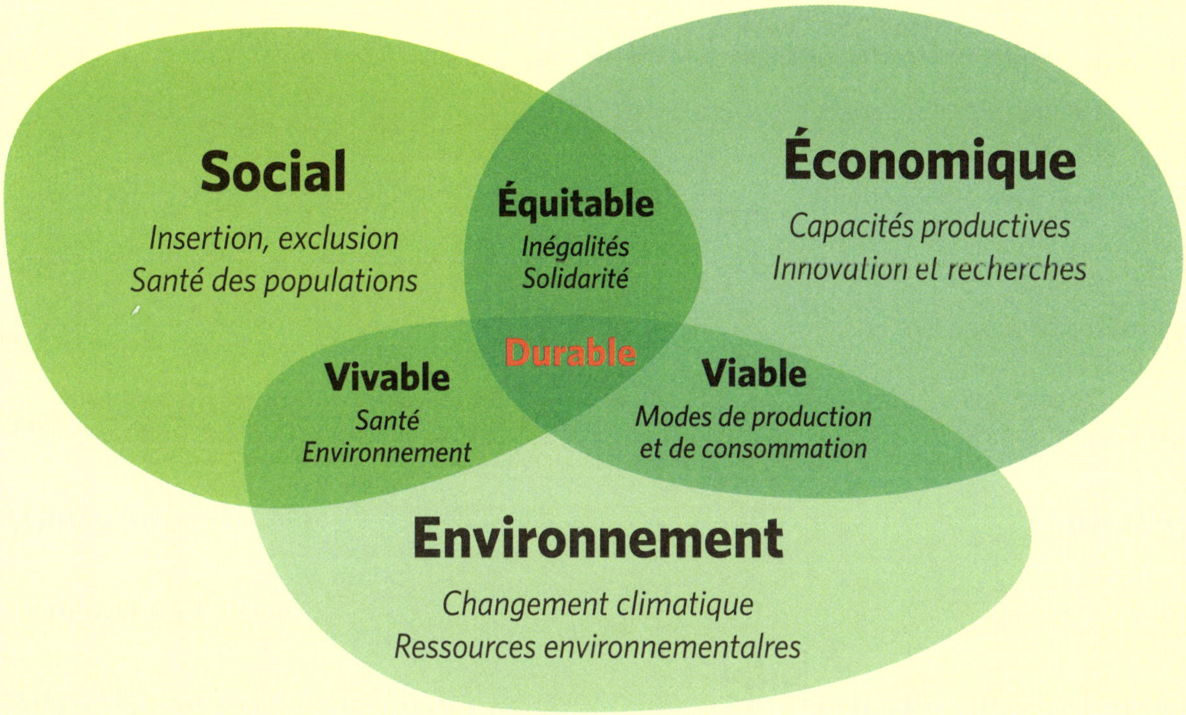

Je reformule

Définissez le développement durable et présentez les trois piliers et leurs interactions.

Le développement durable est défini comme « un développement qui répond aux besoins du présent sans compromettre la capacité des générations futures à répondre aux leurs ».

Le développement durable doit être à la fois économiquement efficace, socialement équitable et écologiquement tolérable. Le social doit être un objectif, l'économie un moyen, et l'environnement une condition.

La dimension environnementale : préserver, améliorer et valoriser l'environnement et les ressources naturelles sur le long terme, en maintenant les grands équilibres écologiques, en réduisant les risques et en prévenant les impacts environnementaux.

La dimension sociale : satisfaire les besoins humains et répondre à un objectif d'équité sociale, en favorisant la participation de tous les groupes sociaux sur les questions de santé, de logement, de consommation, d'éducation, d'emploi, de culture...

La dimension économique : développer la croissance et l'efficacité économique, à travers des modes de production et de consommation durables.

Et vous ?

Avez-vous vu des actions pour protéger l'environnement dans votre entreprise de PFMP ? Lesquelles ?

....

....

À moi de jouer !

Je vérifie mes connaissances
Repérer les évolutions de la demande et de l'offre
lienmini.fr/eg30670exo12

1 | Maîtriser le vocabulaire économique

Complétez la grille ci-contre à partir des définitions fournies.

1. Un des piliers du développement durable.
2. Biens épuisables.
3. Donner une seconde vie à un produit.
4. Système breveté.
5. Réduire ses dépenses d'énergie.
6. Modèle économique qui n'est pas linéaire.

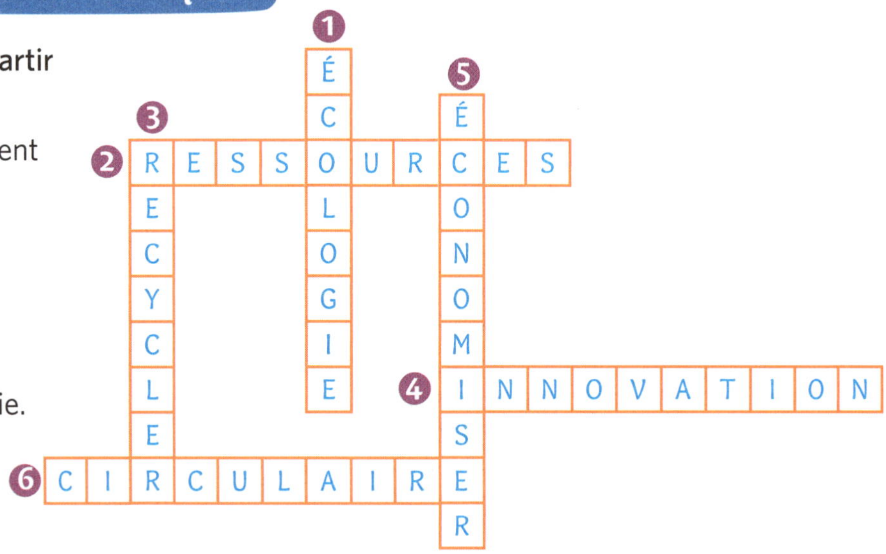

2 | Résumer un texte

Par groupe de deux élèves, résumez le texte en 80 mots.

DOC Recyclage des navires

Les navires en fin de vie sont considérés comme étant des déchets. Ils peuvent contenir des déchets dangereux, et doivent être démantelés dans des conditions environnementalement satisfaisantes. L'exportation de tels navires peut poser question, car elle peut être susceptible d'aboutir à un démantèlement dans des installations ne présentant pas les garanties nécessaires. C'est pourquoi plusieurs réglementations doivent être respectées lorsque de tels navires effectuent un mouvement transfrontières en vue de leur recyclage.

Le recyclage des navires est régi par la Convention de Bâle et le règlement (CE) n° 1013/2006 concernant les transferts de déchets, qui interdit l'exportation de déchets dangereux vers des pays non membres de l'OCDE. Toutefois, ces textes ne sont pas spécifiquement conçus pour les gros navires de commerce et sont souvent contournés par la pratique du dépavillonnement, avec des conséquences néfastes pour l'environnement et la sécurité des travailleurs (déclassement rapide et démantèlement du navire directement sur des plages ou dans des installations improvisées avec main-d'œuvre mise en danger).

Un instrument spécifique aux navires et juridiquement contraignant a donc été mis au point au sein de l'Organisation maritime internationale (OMI) : la Convention internationale pour le recyclage sûr et écologiquement rationnel des navires, adoptée en mai 2009 à Hong Kong. Son objectif est d'assurer que les navires en fin de vie ne posent, au stade de leur démantèlement, aucun risque inutile pour la sécurité des travailleurs, la santé humaine et l'environnement. La Convention régit la vie des navires marchands. La France est le premier État membre de l'Union européenne à avoir ratifié la Convention le 2 juillet 2014.

www.ecologique-solidaire.gouv.fr/recyclage-des-navires, 10 février 2017

BILAN 5

Synthèse audio
Chapitre 5
lienmini.fr/eg30670synth05

Comment une entreprise définit-elle sa production ?

S'engager pour une production et une consommation durables dans le cadre d'une économie circulaire.

Je construis mon cours

Résumez les idées essentielles de chaque mission.

Mission 1 Caractériser l'offre et la demande de l'entreprise

L'entreprise (l'offre) a un savoir-faire, des compétences qui lui permettent de produire des biens et/ou des services répondant aux besoins des clients (la demande). La demande évolue dans le temps : elle change et se diversifie. L'entreprise doit donc être à l'écoute de son marché (tendances, réglementation, concurrence...) si elle veut continuer d'exister, se développer ou gagner des parts de marché. Pour se démarquer, l'entreprise peut par exemple investir dans l'appareil de production et ainsi gagner en productivité, innover, améliorer la qualité ou baisser les prix.

Mission 2 Repérer les évolutions de la demande et de l'offre de l'entreprise

Les ressources naturelles s'épuisent, les humains doivent limiter le réchauffement climatique et proposer un modèle économique plus social, plus durable, plus équitable. Le développement durable est devenu incontournable et doit faire partie intégrante du processus d'achat (la demande) et du processus de production (l'offre). L'économie circulaire se développe, c'est la fin d'un mode de production et de consommation linéaire.

Je réponds à d'autres problématiques

Répondez aux questions, en utilisant obligatoirement les mots entre parenthèses.

1 Qu'est-ce qu'un marché ? (besoins et offre)

Le marché est le lieu de rencontre entre l'offre et la demande. Les demandeurs (clients, consommateurs) ont des besoins qu'ils cherchent à satisfaire. L'offre des entreprises est là pour y répondre.

2 Quelle différence y a-t-il entre une économie linéaire et une économie circulaire ? (ressources et recycler)

Les ressources naturelles s'épuisent, il faut donc les économiser. L'économie circulaire rompt avec la logique d'un modèle linéaire puisqu'elle permet de donner une seconde vie aux produits en les recyclant.

3 Qu'est-ce qu'une part de marché ? (position et pourcentage)

La part de marché correspond à la position d'une entreprise sur son marché par rapport à ses concurrents. Elle s'exprime en pourcentage.

4 Comment l'entreprise peut-elle gagner des parts de marché ? (qualité et prix)

Pour se développer et ou affronter ses concurrents, une entreprise doit gagner des parts de marché. Pour ce faire, elle peut baisser ses prix de vente pour être plus compétitive ou se différencier en améliorant la qualité de ses produits.

JE RÉPONDS À LA MISE EN SITUATION PROFESSIONNELLE

Maintenant que vous avez analysé l'offre et la demande de l'entreprise et que vous connaissez son marché, vos professeurs souhaitent que vous prépariez la visite des Chantiers de l'Atlantique. Ils vous demandent donc de réaliser en binôme une petite étude documentaire sur l'entreprise.

Vous devrez :
- trouver une petite vidéo, un reportage sur l'entreprise choisie ;
- réaliser une revue de presse de 4 ou 5 articles d'actualité ;
- concevoir une échelle du temps présentant les grandes dates de l'histoire de l'entreprise ;
- rédiger 3 questions à poser lors de la visite aux intervenants. Elles devront porter sur les projets de l'entreprise, ses innovations, ses ambitions, son processus de production ou le recrutement et les emplois dans l'entreprise.

Vous pouvez utiliser une application numérique ou un logiciel de traitement de texte pour présenter votre travail.

Méthode 9 — Comprendre et analyser un graphique

Je comprends la méthode

DOC 1 Progression du jour du dépassement mondial au fil des années

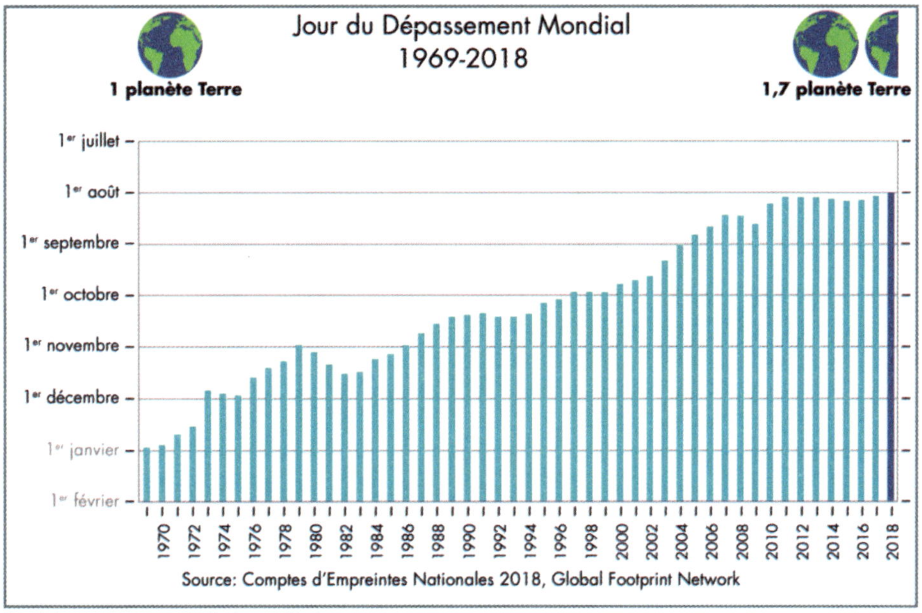

Chaque année, la date du jour du dépassement mondial est calculée en comparant la consommation annuelle de l'humanité en ressources écologiques à la capacité de régénération de la Terre.

Étape 1 Identifier les caractéristiques générales du graphique

- Cochez le type de graphique : ☐ Diagramme circulaire ☒ Histogramme ☐ Nuage de points
- Indiquez le titre : Évolution du jour de dépassement mondial
- Retrouvez l'origine des données : Global Footprint Network.
- Précisez l'unité utilisée : Date dans l'année civile.
- Indiquez la date ou la période concernée et le lieu : Étude réalisée entre 1969 et 2018.

☐ J'ai validé l'étape 1

Étape 2 Comprendre le graphique

- Identifiez les catégories présentées dans chaque segment.

– L'axe des abscisses : Les années
C'est un axe de données ☐ quantitatives ☐ qualitatives ☒ chronologiques

– L'axe des ordonnées : Date annuelle
C'est un axe de données ☒ quantitatives ☐ qualitatives ☐ chronologiques

- Précisez le critère de répartition des données. Les données sont réparties en fonction du jour de l'année où la Terre a utilisé toutes ses ressources.

☐ J'ai validé l'étape 2

Étape 3 Restituer les idées principales du graphique

- Trouvez l'idée principale. Depuis 50 ans, le jour de dépassement arrive de plus en plus tôt dans l'année. Il faut maintenant 1,7 planète Terre par an pour répondre aux besoins de tous.
- Cherchez les idées secondaires en comparant les données. Le dépassement mondial n'a cessé de s'accélérer depuis 1970. En 1979, il a légèrement reculé mais depuis, les ressources terrestres sont consommées de plus en plus vite. C'est extrêmement inquiétant pour le futur.

☐ J'ai validé la méthode

J'applique la méthode

DOC 2 **Nombre de dépots par titre et évolution 2017-2018**

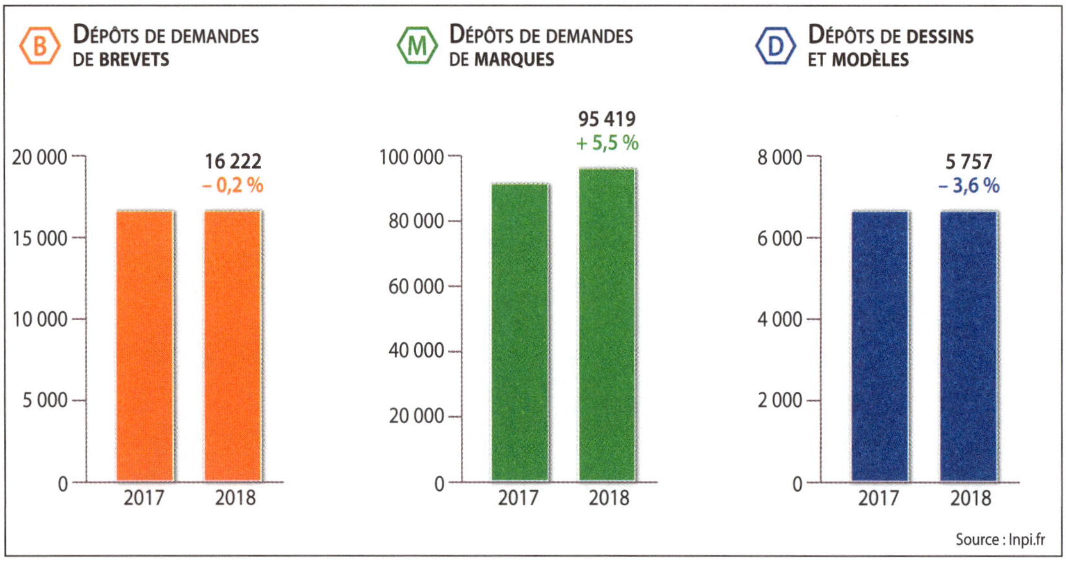

Source : Inpi.fr

Étape 1 Identifier les caractéristiques générale du graphique

Trois histogrammes présentent les chiffres clés des dépôts de brevets à l'INPI (Institut national de la propriété industrielle). Les résultats sont indiqués en nombre de dépôts. L'étude est réalisée entre 2017 et 2018.

Étape 2 Comprendre le graphique

L'axe des abscisses représente les années. Ce sont des données chronologiques. Les données sont réparties en trois catégories : les dépôts de demandes de brevets, les dépôts de demandes de marques, les dépôts de dessins et modèles.

L'axe des ordonnées présente le nombre de dépôts, ce sont des données quantitatives.

Étape 3 Restituer les idées principales du graphique

Au total, il y a eu 117 398 demandes de dépôts, tous secteurs confondus, en 2018 (16 222 + 95 419 + 5 757). Les dépôts de demandes de marques représentent 81,28 % des demandes (95 419/117 398 × 100). Ce sont donc ces dépôts qui sont les plus nombreux à l'INPI, que ce soit en 2017 ou en 2018. Viennent ensuite les dépôts de demandes de brevets : 13,82 % (16 222/117 398 × 100), puis les dépôts de demandes de modèles et dessins : 4,90 % (5 757/117 398 × 100).

Concernant l'évolution, il y a trois tendances : les dépôts de demande de marques sont en augmentation entre 2017 et 2018 (+5,5 %). À l'inverse, les dépôts de demandes de modèles et dessins sont en diminution entre 2017 et 2018 (-3,6 %). En 2018, il y a eu 16 222 dépôts de demandes de brevets, soit -0,2 % par rapport à 2017. Nous pouvons considérer que c'est une stagnation.

Méthode

Comprendre et analyser une image

10

Je comprends la méthode

DOC 1 **Les gaz à effet de serre ont atteint un niveau record en 2017**

Des usines au Chili, le 21 mars 2018.

Source : France Info – août 2018, © CLAUDIO REYES/AFP

Étape 1 Présenter l'image

- Surlignez sur le document : le titre, la date de parution, le support de publication et l'auteur.
- Cochez la nature de l'image. ☐ Dessin ☒ Photographie documentaire ☐ Photo publicitaire ☐ Photo d'actualité ☐ Infographie ☐ Dessin d'humour
- Identifiez le sujet. Les usines au Chili qui produisent des gaz à effet de serre.
- Identifiez le public visé. Le grand public

☐ J'ai validé l'étape 1

Étape 2 Décrire l'image

- Repérez les éléments présents sur l'image (personnages, événements, objets, symboles, messages écrits). La photo montre des cheminées d'usines au Chili qui émettent beaucoup de fumée. Le paysage est complètement noyé par cette pollution.

☐ J'ai validé l'étape 2

Étape 3 Mettre l'image en contexte

- Déterminez et cochez le contexte de l'image (plusieurs possibilités).
☒ Économique ☐ Juridique ☐ Historique ☐ Politique ☐ Social ☐ Culturel ☒ Environnemental

☐ J'ai validé l'étape 3

Étape 4 Interpréter le sens de l'image

- Identifiez le message que fait passer cette image (lien entre l'image, ses éléments et son contexte).
Les dégâts de l'émission de gaz à effet de serre seront bientôt irréversibles : les pays doivent mettre en place des actions avant qu'il ne soit trop tard.

☐ J'ai validé la méthode

J'applique la méthode

DOC 2 Dessin de presse

Ce dessin de presse de Françoise Ménager a été utilisé pour illustrer la chronique d'Eric Lemaitre sur la radio PhareFm dont le sujet était : la mise en place d'un revenu universel est-elle la solution à la destruction de milliers d'emplois due à la robotisation ?

Étape 1 — Présenter l'image

C'est un dessin de presse réalisé par Françoise Ménager. Il a été utilisé pour illustrer un sujet de presse radiophonique dont le thème était la destruction d'emplois due à la robotisation.

C'est une information à destination du grand public, puisque disponible sur le site de la radio.

Étape 2 — Décrire l'image

Le dessin montre un robot qui prend les outils d'un ouvrier pour réaliser son travail sur une chaîne de production.

Étape 3 — Mettre l'image en contexte

Le dessin est utilisé dans un contexte économique et social.

Étape 4 — Interpréter le sens de l'image

Le dessin de presse pose la question du remplacement des ouvriers par les robots. En effet, l'utilisation de la robotique s'accélère dans l'industrie. La contrepartie est la suppression des postes de travail.

LEXIQUE

Abraham Maslow : (1908-1970) psychologue humaniste américain qui classe les cinq types de besoins fondamentaux dans l'ordre suivant : besoins vitaux ou physiologiques, besoin de sécurité et de protection, besoin d'amour et d'appartenance, besoin d'estime de soi et besoin de se réaliser.

Acte d'achat : acquisition par une personne physique ou morale d'un bien ou d'un service appartenant à une autre personne physique ou morale en échange de sa valeur monétaire. L'acte d'achat se concrétise par la conclusion d'un contrat de vente oral ou écrit entre le vendeur et le consommateur.

Agent : personne physique (tout homme ou toute femme apte à être sujet de droit) ou morale (groupement de personnes doté de la personnalité juridique).

Agent économique : personne physique ou morale, ou catégorie agrégée de personnes, à l'origine de décisions économiques telles que l'investissement, la production, la consommation, l'accumulation de capital, l'emprunt, etc. La comptabilité nationale dénombre 6 types d'agents économiques : les ménages, les sociétés financières, les sociétés non financières, les administrations publiques, les institutions sans but lucratif au service des ménages, et le reste du monde.

Besoin : sensation de manque, accompagnée du désir de le satisfaire. Pour vivre, toute personne doit satisfaire des besoins. Pour cela, il doit travailler pour ensuite pouvoir consommer les produits nécessaires à sa vie quotidienne en dépensant son salaire.

Bien : objet que l'on peut toucher, qui existe de manière physique (bien matériel).

Biens et services collectifs : biens et services utilisables par plusieurs personnes simultanément : route, pont, émission de TV par exemple. Les services collectifs peuvent bien sûr aussi être marchands.

Biens et services non marchands : biens et services produits par les administrations et disponibles gratuitement ou quasi gratuitement, c'est-à-dire à un prix inférieur à leur coût de revient.

Cadre juridique : ensemble des règles légales qui délimitent les activités et les comportements des individus. Il repose sur un ensemble de textes, comme la Constitution, les lois, les décrets, les règlements, les ordonnances..., applicable dans un pays ou dans l'Union européenne.

Chiffre d'affaires : montant des ventes réalisées par une entreprise.

Consommation : action d'utiliser ou de détruire, immédiatement ou progressivement, des biens et des services (un yaourt, un ordinateur), dans le but de satisfaire un besoin.

Consommation responsable : mode de consommation qui prend en compte les critères du développement durable, c'est-à-dire une consommation qui soit à la fois respectueuse de l'environnement, bénéfique pour l'économie (notamment locale), bonne pour la santé, mais aussi positive pour la société.

Constitution française : loi fondamentale en France. Elle définit les droits et les libertés des citoyens ainsi que l'organisation des pouvoirs et des institutions du pays.

Contrat : selon l'article 1101 du Code civil, « accord de volonté entre deux ou plusieurs personnes destinées à créer, modifier, transmettre ou éteindre des obligations ».

Créancier : personne susceptible de recevoir quelques chose (argent, service...) d'un débiteur.

Débiteur : personne qui doit quelque chose (argent, service...) à une autre personne (le créancier).

Demande : elle est issue des consommateurs particuliers ou professionnels.

Développement durable : « développement qui répond aux besoins du présent sans compromettre la capacité des générations futures à répondre aux leurs » (selon Gro Harlem Brundtland, Première ministre norvégienne, 1987). En 1992, le Sommet de la Terre à Rio, tenu sous l'égide des Nations unies, officialise la notion de développement durable et celle des trois piliers (économie/écologie/social) : un développement économiquement efficace, socialement équitable et écologiquement soutenable.

Dommages-intérêts : compensation financière à laquelle peut prétendre une personne qui a subi un dommage. La réparation qui s'opère par équivalent se fait par le versement d'un capital ou d'une rente. Ces sommes sont des dommages-intérêts.

Droit communautaire (directives et règlements européens) : ensemble des règles qui fondent l'Union européenne et qui s'appliquent à tous les États membres, dans le but d'harmoniser les législations nationales et de les coordonner.

E-commerce, ou commerce électronique : ensemble des transactions commerciales s'opérant à distance par le biais d'interfaces électroniques et digitales. Il englobe essentiellement les transactions commerciales s'effectuant sur Internet à partir des différents types de terminaux (ordinateurs, tablettes, smartphones, consoles, TV connectées). L'e-commerce est devenu le principal canal de la vente à distance, ce qui explique le remplacement de l'expression « vente par correspondance » par celle de « vente à distance ».

Épargne : partie du revenu d'un ménage ou d'une entreprise qui, durant une période donnée, n'est pas affectée à la consommation.

ESS (économie sociale et solidaire) : ensemble de structures qui reposent sur des valeurs et des principes communs : utilité sociale, coopération, ancrage local adapté aux nécessités de chaque territoire et de ses habitants. Les activités de l'ESS ne visent pas l'enrichissement personnel mais le partage et la solidarité pour une économie respectueuse de l'homme et de son environnement.

Loi : règle juridique obligatoire s'imposant à tous les individus d'une société, émanant du pouvoir législatif.

Marché : lieu de rencontre entre l'offre et la demande. Les différents marchés se caractérisent par trois éléments : les types d'échanges, l'origine de l'offre et l'origine de la demande.

Ménage : désigne l'ensemble des occupants d'un même logement sans que ces personnes ne soient nécessairement unies par des liens de parenté (en cas de cohabitation, par exemple). Un ménage peut être composé d'une seule personne.

Obligation de moyen : la partie qui a une obligation de moyen est tenue d'assurer la prudence, les moyens techniques et/ou intellectuels nécessaires à la satisfaction de l'obligation, sans pour autant être tenue d'atteindre un résultat.

Obligation de résultat : la partie qui a une obligation de résultat est tenue de façon absolue de fournir ce résultat, sauf cas de force majeure.

Organigramme : représentation schématique des liens fonctionnels, organisationnels et hiérarchiques des employés d'une entreprise.

Organisation : groupe social formé d'individus en interaction, ayant un but collectif.

Personne morale : structure composée d'un groupement de personnes, dotée de la personnalité juridique (ex. : une entreprise).

Personne physique : tout homme ou toute femme apte à être sujet de droit (ex. : un particulier).

Pouvoir d'achat : quantité de biens et de services qu'un revenu permet d'acheter. Le pouvoir d'achat dépend alors du niveau du revenu et du niveau des prix. Évolution du pouvoir d'achat : différence entre l'évolution des revenus des ménages et l'évolution des prix.

Production : activité exercée qui combine des ressources en main-d'œuvre, capital, biens et services pour fabriquer des biens ou fournir des services. Les processus purement naturels sans intervention ou contrôle humain ne font pas partie de la production.

Responsabilité civile : obligation de réparer les dommages corporels et matériels causés à autrui.

Solde territorial : dépenses des résidents à l'étranger - dépenses des non-résidents en France.

Valeur ajoutée : chiffre d'affaires - consommation intermédiaire.

Crédits photographiques

Couverture : Adobe Stock - Dessin : Denis Boutant
p. 23 : Ministère de l'Économie et des Finances - p. 40 : Novethic - p. 47 : Ministère de la Transition écologique et solidaire - p. 48 : Maison de l'Emploi Corbeil-Essonnes/Évry - p. 49 : compte twitter Préfecture de la Mayenne @prefet53 - p. 50 : Sébastien Salom Gomis/AFP - p. 51 et p. 57 : Association Cheval Bleu - p. 91 : INSEE - p. 92 : Novethic - p. 95 : Loic Venance/AFP - p. 101 : Visactu - p. 105 : Ministère de la Transition écologique et solidaire - p. 109 : Concept Silenseas+ par Chantiers de l'Atlantique - p. 117 : Claudio Reyes/AFP - p. 118 : Françoise Ménager - Iconovox
Pour tous les autres visuels : Adobe Stock

Couverture : Véronique Lefebvre
Maquette intérieure : Véronique Lefebvre
Mise en pages : Nicole Hinsinger/Cicero
Iconographie : Anne-Sophie Hedan
Édition : Anne Bonpain

Éditions Delagrave, 5 allée de la 2e D.B. - 75015 Paris
www.editions-delagrave.fr
ISBN : 978-2-206-30670-4

Certifié PEFC
Ce livre est issu de forêts gérées durablement et de source contrôlées
PEFC/18-31-280
www.pefc-france.org

IMPRIM'VERT Votre imprimeur agit pour l'environnement

Achevé d'imprimer en août 2019 par L.E.G.O. S.p.A. en Italie
N° d'éditeur : 2019_0191 - Dépôt légal : Août 2019